中外名人传记

发明大王

爱迪生

《中外名人传记》编委会 编著

全国百佳图书出版单位
ARCTIME 时代出版
时代出版传媒股份有限公司
黄山书社

图书在版编目(CIP)数据

爱迪生/《中外名人传记》编委会编著.—合肥：
黄山书社,2021.12
（中外名人传记）
ISBN 978-7-5461-9994-8

Ⅰ.①爱…　Ⅱ.①中…　Ⅲ.①爱迪生(Edison,
Thomas Alva 1847-1931)-传记　Ⅳ.①K837.126.1

中国版本图书馆 CIP 数据核字(2021)第 275196 号

中外名人传记·爱迪生
ZHONGWAI MINGREN ZHUANJI AIDISHENG

《中外名人传记》编委会　编著

出 品 人　贾兴权
责任编辑　周　红
责任印制　李晓明　李　磊
装帧设计　有品堂_刘　俊　张俊香
出版发行　黄山书社(http://www.hspress.cn)
地址邮编　安徽省合肥市蜀山区翡翠路 1118 号出版传媒广场 7 层 230071
印　　刷　安徽新华印刷股份有限公司
版　　次　2022 年 1 月第 1 版
印　　次　2022 年 1 月第 1 次印刷
开　　本　880 mm × 1230 mm　1/32
字　　数　110 千字
印　　张　5.5
书　　号　ISBN 978-7-5461-9994-8
定　　价　12.80 元

服务热线　0551-63533706
销售热线　0551-63533761
官方直营书店(https://hsss.tmall.com)

前 言

名人，顾名思义，就是著名人物，他们都在某个或某些领域做出了普通人无法做出的伟大业绩。他们都有着辉煌的成就，是成功的典范。名人取得成功的过程并不是一帆风顺的，比如大家熟悉的玄奘、华罗庚、居里夫人、爱迪生……他们克服了常人难以想象的困难，凭借着义无反顾的勇气和百折不挠的精神，历尽艰辛，才最终取得了成功。

青少年是早晨八九点钟的太阳，是含苞待放的花朵。青少年的成长有着无数的可能性。汉代刘向说："书犹药也，善读之可以医愚。"高尔基也说过："书籍是人类进步的阶梯。"一本好书，对青少年的一生将产生深远的影响。青少年通过阅读名人传记，可以受到潜移默化的影响，在名人精神的感召下，培养出优秀的品质，为自身的健康成长提供强大的精神力量，为终身发展提供源头活水。

为了适合青少年阅读，本套丛书精选了古今中外的28位名人，用简洁生动的语言，通过一个个生动活泼的小故事，把这些名人的一生呈现出来，具有很强的可读性。希望本套丛书能够给青少年无尽的启发，成为陪伴他们健康成长的良师益友。

本套丛书由《中外名人传记》编委会编著，编委会成员如下：贾兴权、李玲玲、马磊、周振华、高杨、张锐、徐娟娟、朱莉莉、欧阳慧娟、秦矿玲、刘春、周红、吴宝燕、张月阳、范丽娜、张元婷、侯雷、郑程、代立媛、周唯、胡晓静、胡月、章锐华、张墨农、徐之迅、程雅杰。

《中外名人传记》编委会

2021年12月

目　录

第一章　米兰小镇的少年

巨人出生 …… 002
刨根问底的儿童 …… 005
最初的经商生活 …… 011
短暂的校园经历 …… 014
火车上的报童 …… 019
“流动实验室”的终结 …… 030

第二章　发明家的成长

成为电报员 …… 034
漂泊的电报员 …… 045
完胜“纽约第一号” …… 051
早期的发明 …… 055
母亲去世 …… 065

遇见爱情 …… 068
潜心发明 …… 071

第三章 伟大的发明生涯

门罗研究所——第一所“发明工厂” …… 076
电话专利权之争 …… 079
留声机 …… 085
崭新的电光世界 …… 093
照明系统应运而生 …… 105
让电车行驶 …… 114

第四章 说不完的发明

再次组建家庭 …… 120
直流电交流电之战 …… 126
新式蓄电池 …… 128
涉及电子管 …… 137
成功研制电影设备 …… 140
其他发明 …… 150

第五章 发明家的晚年

面对战争 …… 158
一分钟的黑暗——与伟人告别 …… 165

第一章

米兰小镇的少年

· 巨人出生

· 刨根问底的儿童

· 最初的经商生活

· 短暂的校园经历

· 火车上的报童

· “流动实验室”的终结

巨人出生

1847 年 2 月 11 日，美国俄亥俄州的米兰镇还被严寒笼罩着，天空一直飘着大雪。在小镇的一处坡地上，一幢带有顶楼小屋的红砖平房里，一个小生命即将诞生。

透过这幢红砖房的窗户可以看到米兰运河与休伦河的美丽景色，现在这里已成为人们的朝圣地。塞缪尔·爱迪生正站在窗户边，看着运河码头上认真忙碌的工人们。他压根没想过，这个即将降临的孩子，将会改变未来几代人的生活方式。

爱迪生出生前，他们家已经有 6 个小孩了，但这丝毫不影响父母对他的爱。塞缪尔·爱迪生给他的第七个孩子取名为托马斯·阿尔瓦·爱迪生。

爱迪生的祖先是荷兰人，1728 年爱迪生家族和其他移民一起，从荷兰的阿姆斯特丹移居美洲。后来，他们又往内地迁移了几千米，在新泽西州巴赛克河附近一个叫科尔杜维尔的村庄定居下来。

在美国独立战争（1775—1783）中，爱迪生的一个祖先托马斯·爱迪生，当时是国家财政方面的著名活动家，主张尽快脱离英国王权，热烈拥护独立。而爱迪生的曾祖父约翰·爱迪生当时属于“王朝正统主义者”，即殖民地所属国的保皇党，他参加了英国军队的远征。不久英军战败，约翰不得不带领全家逃到加拿大，在一片荒芜之地开垦农场，开始新的生活。

约翰·爱迪生的农场逐渐走上正轨。后来，约翰的长子，即爱迪生的祖父塞缪尔，成了农场的顶梁柱。大约在1811年，爱迪生家族搬到了贝菲尔特区（现加拿大安大略省）。这里人烟稀少，到处是茂密的树林。英国政府把伊利湖北岸的大片土地赐给这些曾支持过他们的人，于是一个叫作维恩那的城镇诞生了。

约翰一家在维恩那获得了一大片土地，他们伐木建房，努力建设家园。很快这里就成了加拿大木材工业的中心之一。木材不断地从这里运往英国，因为英国的造船业和建筑业要消耗大量木材。于是，维恩那镇繁荣起来。

爱迪生的父亲小塞缪尔，在维恩那镇经营旅馆生意，生活过得还算不错。镇上有个名叫南希的女教师，她是苏格兰裔的加拿大人，由于她教学认真，心地善良，颇受市民的尊敬。她引起了小塞缪尔的爱慕，于是这位旅馆主人开始追求她，并说服她和自己共度一生。

婚后，他们先后有4个孩子出生，一家人过着幸福安宁的生活。可是好景不长，这样的生活被政治事件打断了：1837年，加拿大爆发了反对英国总督个人独裁的起义，起因是加拿大的资产阶级企图通过实行立宪代议制来夺取政权。小塞缪尔·爱迪生不仅参加了起义，而且他的旅馆还成了临时司令部。但起义遭到了镇压，起义者为了逃避严厉的惩罚，不得不逃往美国。

小塞缪尔·爱迪生逃到了美国俄亥俄州的米兰镇。1839年，在小塞缪尔的好友阿尔瓦·布雷德利船长的帮助下，南希才带着孩子们来到米兰，一家人得以团聚。

那时，米兰还不通铁路，休伦河也不能全程通航，而是通过运河把莱克伍德码头连接起来，形成一条水路交通命脉。米兰是重要的谷物交易市场，运河两边建有数十个仓库。每天人们都在码头上忙着装卸粮食，把国内农业区的粮食运往东方。当地的造船业也很发达，各类工商业迅速发展起来，小镇越来越繁荣。小塞缪尔在这里主营木材生意，还顺便贩卖粮食。在小塞缪尔的努力下，他家的生意经营得很不错，全家的生活状况也开始好转。

在米兰镇团聚后，小塞缪尔和南希又先后生了三个孩子，他们最小的孩子就是托马斯·阿尔瓦·爱迪生。托马斯，是承袭他曾参加美国革命的曾祖父的名字；阿尔瓦，则是为了表达对父亲的好友阿尔瓦·布雷德利的敬意。不过爱迪生的母亲则总是亲昵地叫他阿尔。

刨根问底的儿童

爱迪生 7 岁前一直在米兰小镇生活，所以当地流传着不少他的逸闻趣事。

小阿尔长着一个大大的脑袋，一双灰色的眼睛亮晶晶的，常常灵巧地东看看西瞅瞅，让人一看就知道他是一个聪明的小家伙。在他还小的时候，他的母亲和护士都认为他是个再乖巧不过的孩子，因为他几乎不哭闹。据说，当他还是个婴儿的时候，听到笑话就会笑个不停，似乎他的天性中就有幽默的一面。美中不足的是，他的头发不够浓密，而且一根根竖着长，活像一只小刺猬。父亲给他理了发，结果反倒使他看上去更奇怪了。

在他刚开始会说话时，他就对这个世界充满了好奇，始终有问不完的问题。他很善于观察，总是趁母亲不注意跑到码头上，在那里坐着看进进出出的轮船和驳船。看着这些船，一些问题就会在他的脑海中冒出来：为什么船能在水中行驶？它们为什么不会沉下去呢?

一天刮大风了，他问父亲道：“为什么会刮风呢?”

父亲回答：“因为大自然本身就存在风啊。”

“为什么大自然就存在风?”

“阿尔，我不知道。”

“为什么你不知道呢?”问得真是让人没法回答。

他一有空就往父亲的工厂跑，就眼前看到的任何工具，向工人提出各种问题。最初，大家都还耐着性子回答他的问题。可是时间一长，工人们开始失去耐心，常常会不耐烦地打断他的提问。

“去去去，这里可不是小孩子来的地方，你还是到别的地方去玩吧。”

“你赶紧离开吧，我们要做的事情还多着呢，没时间陪你瞎闹腾。”

被这里的工人驱赶后，他往往又会跑去造船厂。在造船厂，他看到扳手、钳子、刨子等工具，也一样一样地拿起来发问。有时候，他还紧跟着干活的工人，观察他们怎么工作，害得造船厂的工人不胜其烦。他的问题太多了，好像他学会说话就是为了提问。

因为他问的问题都是大人们觉得稀松平常的事，都不是问题，甚至是愚蠢的问题，所以有时候大家也会不无忧心地说：“这个孩子是不是不太正常。”

阿尔对于大人的答复不满意的时候，就会自己去寻找答案。在他接受书本知识以前，大自然和身边的社会生活，就是他求知的主要探索地。

4 岁那年，阿尔看见路旁的大树上挂着一个野蜂窝，野蜂在不停地飞进飞出。他很想知道蜂窝里面有什么秘密，就用一根树枝去捅蜂窝。结果可想而知，他整个脑袋被野蜂蜇得肿胀起来，眼睛肿得只剩下两道缝，几乎都睁不开。

6 岁的时候，有一天到吃午饭的时候了，阿尔却不见人影。他的母亲四处寻找，后来终于在库房里找到他。他正在聚精会神地观察一只母鸡孵蛋。妈妈不解地问道："阿尔，你在这里干吗？现在该回去吃饭了。"

阿尔却并不回答，反而好奇地问他的母亲："妈妈，那只母鸡为什么坐在鸡蛋上面？"

"那是鸡妈妈正在孵小鸡。在孵小鸡的过程中，鸡妈妈要让鸡蛋一直保持一定的温度，不能让它们受凉。"

"为什么要让鸡蛋保持一定的温度？"

"因为只有让鸡蛋保持一定的温度，小鸡才能被孵出来。"

"就是说，要想孵出小鸡来，必须让蛋保持一定的温度。"

得知孵化小鸡的原理后，小阿尔开心地笑了，否则他一定会冥思苦想，非去弄个明白不可。

第二天，阿尔进行了他的第一次"实验"。晚饭时间到了，家人又怎么都找不到他。母亲轻车熟路地来到库房，发现他正

蹲在一些鸡蛋上，一动不动，看样子，他已经保持这个姿势有段时间了。

母亲惊讶地问道："阿尔，你在干什么呀？"

阿尔镇定自若地答道："我在孵小鸡呀！听您说只要让蛋保持足够的温度，就能孵出小鸡来，所以我想自己试一试。"

母亲既好气又好笑地说："母鸡是一整天一整天地蹲在鸡蛋上，用自己的体温来孵化，而且要好长时间才能把小鸡孵化出来。"

“那一般需要多长时间呢?”

“20 天左右。”母亲硬把他拉起来，拍拍他的屁股说道，“不过人是孵不出小鸡来的。”

“实验”被迫中断，阿尔想不明白，为什么母鸡能孵出小鸡，而人却不能呢?

如果阿尔仅仅只做这种程度的“实验”，那充其量只能说他的好奇心很强，和大部分淘气的男孩没什么两样。但是随着年龄的增长，他的好奇心不减反增，动手能力也越来越强，甚至因此常常闯祸。

一天，阿尔来到他家附近的打铁厂准备找点有趣的事打发时间。一走进打铁厂的大门，他就被熊熊燃烧的火焰吸引住了。看着扑腾的火苗，瞬间各种问题涌上他的心头：火是怎么产生的？燃料为什么会燃烧呢？火为什么能用来打铁呢?

这时正巧有一个工人从他身边经过，阿尔追上去问道：“叔叔，为什么煤能燃烧呢?”

“什么?”这名工人一脸茫然地看着他，显然不明白他到底在说什么。阿尔又大声地重复了一遍自己的问题。

那名工人没好气地回答道：“煤是燃料，当然会燃烧啊。”

“那它怎么能一直燃烧呢?”

“因为我们打铁要用啊，所以让它一直燃烧着。如果给它浇一盆水，它就熄灭了。”

“为什么水能把它浇灭呢?”

阿尔又开始不停地追问，把工人问急了，工人只好把他赶回家。

这天晚上，为了弄清楚火燃烧的原理，他来到父亲的粮仓。他发现粮仓里有木材，便将它们点燃了。结果，火势很快蔓延开来，父亲的粮仓化为灰烬。父亲很生气，狠狠地鞭打了他一顿。

因为对各种事物都充满好奇心，小阿尔在动手实践时闯祸的次数不断增加，但是他也在这些实践中获得了许多知识，虽然有时伴着苦涩的味道。

又有一次，小阿尔的邻居试着用气球做一种飞行装置，小阿尔看到冉冉上升的气球，产生了浓厚的兴趣，不禁想道：如果人的肚子里也充满气，不也能飞上天吗?

他立刻找来父亲的佣工迈克尔·奥茨，努力说服他，并向他保证，只要他吃下沸腾散，就能像小鸟一样在天空翱翔。因为沸腾散遇到液体可以产生大量气体，当迈克尔·奥茨吃下大量的沸腾散后，肚子疼得在地上打滚。阿尔的母亲闻声赶来，问清楚事情的原委后，她马上派人去请医生。这次，阿尔闯下的祸不仅让父母担心不已，而且让附近的居民感到害怕，他们纷纷警告自己的小孩：“不要和阿尔玩。”

最初的经商生活

在阿尔 7 岁那年，他的父亲决定搬离米兰小镇，因为俄亥俄州已经通了铁路，运河两岸的商船生意惨淡，米兰小镇渐渐失去了昔日的繁华。虽然阿尔的母亲很想留在这儿，但从长远考虑还是搬家为上策。

1854 年，小塞缪尔·爱迪生带着全家搬到了密歇根州的休伦港口，在这里仍做着他的老本行：贩卖粮食、经营木材等。休伦港是一个兴旺发达的小镇，各行各业正在蓬勃发展中。

他们在休伦港的新家宽敞明亮，坐落在一片果园中央，相当静谧。搬来不久，阿尔就得了猩红热，病了很长一段时间，直到 1855 年才完全康复。在这段时间，他父亲开创的事业给了他经商的机会。

小塞缪尔·爱迪生是一个头脑灵活、敢于尝试的人。在新家居住不久，他就产生了一个想法：他要在房屋后面的高地上建一座眺望塔，届时全镇的居民都可以登塔一览休伦湖的壮阔和圣克莱尔河的美景。

后来这座塔建造成功，塔高大约30米，由木质的旋转楼梯通往塔顶。附近的居民称它为“爱迪生通天塔”。高塔还没建好，阿尔他们就四处散发传单，宣称只要25美分，你就能大饱眼福。

通天塔正式开放后，阿尔大显身手，他的父亲让他做管理员，负责向各位游客收费。由于每天前来参观的人多到排队，所以阿尔忙得不亦乐乎。一段时间之后，来参观的人明显减少。他们对经营方式进行了调整，把票价降到10美分，游客依然寥寥。

通天塔的生意之所以会半途告终，一方面是因为实行收费政策，更主要的是因为这座建筑存在安全隐患。一遇到大风，这座塔就会不由自主地摇晃，让前来参观的人胆战心惊。最后这个通天塔不得不关停，但它成了爱迪生一家经常去的地方。

通天塔生意结束后，阿尔又开始无所事事。因为经营这个眺望塔，阿尔的经商兴趣被激发出来。看到父亲种植的各色蔬菜，他萌发了去镇上卖菜的念头。他把这个想法告诉父母，遭到他们的一致反对。后来在阿尔的反复央求下，父母才勉强答应让他去试试。

一开始，阿尔只是售卖父亲种植的那些蔬菜：莴苣、白菜、胡萝卜、西红柿等。他把蔬菜装在马车上，然后在镇上沿街叫卖。因为他以诚信为本，从不以次充好，而且售卖的蔬菜鲜嫩水灵，镇上的太太们都爱从他这儿买菜。阿尔受到鼓舞，顺势扩大了经商范围，又从别的农户那买进水果，比如苹果、樱桃、葡萄等，再和蔬菜一起销售，生意越做越好。他一个人简直忙不过来，还请家里比他年长一点的佣工迈克尔·奥茨来帮忙。

两位少年经营的瓜果蔬菜生意非常红火，一年多就盈利 600 多美元。当他把这笔钱拿回家后，他的父母大吃一惊。不过阿尔的经商事业马上要告一段落，因为他该上学了。

短暂的校园经历

此时阿尔已经 8 岁多了，开始进入学校学习。他所在的学校只有一间教室，由一位牧师和他的妻子负责管理。学校的课程设置呆板，只有语文、写字和算术三门。老师枯燥乏味的讲解永远无法吸引阿尔，他想知道的事老师不教，他不想知道的事又教个没完。上课时，阿尔总是不能集中精神，因此他的成绩总是倒数。

阿尔经常用别人丢弃的物品做出一些奇怪的小玩意，还把这些玩意带到学校，在课堂上玩耍。老师在讲台上讲课时，他很少好好坐在座位上，不是在石板上画画，就是在教室里走动，有时他干脆跑到教室外面去玩。而且他很固执，做作业时，只要有一个问题他没有解答出来，就不会继续做下一道题，这样一来，他经常不能按时完成作业。

在学校里，阿尔继续展现着他刨根问底的天性。语文课上，老师正在讲台上卖力地讲着课，阿尔突然向老师大声发问："老师，太阳为什么每天都会准时升起来呢?"算术课上，老师正在讲一位数的加法，阿尔忽然举手提问："二加二为什么等于四?"

老师生气极了，说道："这真是个莫名其妙的问题，如果你不是成心捣乱，那么你就一定是一个低能儿!"于是他把阿尔赶回了家。

阿尔沮丧地跑回家，对母亲说道："我不能再去学校了，老师说我是低能儿。"（因为在当时的美国，低能儿不能去普通学校就读。）母亲听了非常生气，拉着阿尔的手来到学校，当面质问老师。

老师怕阿尔的母亲是来兴师问罪的，便抢先说道："我知道你为何而来，托马斯太太。托马斯这孩子实在是太笨了，他留在学校只会妨碍别的学生。我看你还是让他待在家里吧。"

阿尔的母亲听了更加生气，她马上反驳道："我认为我的阿尔比同龄的大多数孩子都聪明，你这样的做法不是身为教师该做的！我会亲自教他，他再也不会到这里来了!"

就这样，母亲把阿尔领回了家。这样算下来，爱迪生一生待在学校里的时间不到 3 个月。后来，爱迪生在接受《纽约世界》的一次采访时曾说过，母亲给他的人生带来了持久的影响，这影响一直延续到他的生命尽头，她早年对他的教育是他一生都无法舍弃的财富。

阿尔的母亲当时正在一所女子学校教书，是一位教学经验丰富的教师，而且在加拿大的时候，她也曾做过教师，所以她完全有能力教导阿尔。

回到家，母亲和阿尔进行了一次推心置腹的谈话。

“阿尔，从今天开始，我就在家里教你。我下定决心，无论如何要使你成为一个像样的人才，你能答应我用心学习吗?”

“妈妈，我会的，我一定会用心学习，长大后做出一番大事业。”爱迪生坚定地说道。

从此，母亲就成为阿尔的“家庭教师”，对他因材施教。没有人比阿尔的母亲更了解他，他的母亲更知道阿尔适合什么样的教育。

阿尔的母亲拿出自己在学校对学生的标准来要求自己的儿子，给他制订了严格的学习计划。阿尔学习得非常认真，他的理解力和记忆力都超强，特别是对他感兴趣的东西记得尤其快。成功后的爱迪生曾这样说：“当老师叫我笨蛋时，母亲来到学校为我极力辩护。从那时起，我决定要为她争气，不辜负她的期望。她实在是真正理解我的人。”“我母亲使我成了这样一个人，她理解我，她让我能按照自己的志向去发展。”

母亲给予阿尔的教育与学校截然不同，不管是不是他这个年龄段能够接受的，只要他看得懂，母亲都教给他。阿尔在学习英语、文学、数学、地理等一般课程的同时，开始阅读课外书籍。8 岁时，他已经读了剧作家莎士比亚、文学家狄更斯的著作。9 岁时，他就读了理查德·格林·帕克的《自然与实验哲学》。10 岁时，他便读完了爱德华·吉本的《罗马帝国衰亡史》、大卫·休谟的《英国史》和席尔的《世界史》，还有部分哲学书籍。

科学书籍更是他的心头好。世界上的大发明家和他们的相关发明他都记得清清楚楚。像《自然与实验哲学》这样的书，即使中学毕业生来看也并不轻松，而他的阅读感受是："这是一本最容易理解的书。"这本书涉及包括氢气球和蒸汽机在内的那个时代的众多科学知识。

他还特别喜欢照着《帕克科学读本》做实验，他家的地窖成了他的专用实验室。阿尔常常跑到附近的商店里去讨要空瓶子，装苏打、硫酸、硫黄等不同的化学药品。不久，地窖里便堆满了各式各样的瓶子，有 200 多个。为了防止家人乱动这些瓶子，阿尔在每个药瓶上贴上"毒药"标签。

阿尔进步神速，但数学这一学科例外。12 岁时，阿尔开始阅读牛顿的著作《自然哲学的数学原理》。这本书阿尔读起来相当费力，读完之后，他开始轻视数学。爱迪生后来回忆说："我从此开始讨厌数学，并一直不曾恢复起对它的好感。"他一生都没有学好数学，就是成了大发明家以后，如果遇到复杂的计算问题，他也都是把它交给别的数学家去做。

尽管母亲的启蒙教育使阿尔终身受益，但对一个发明家来说，这些教育显然远远不够。他在物理、化学、数学和电工学等方面的理论知识的欠缺，对他后来的设计工作产生了深远的影响，他不得不随时在工作过程中弥补这些缺陷。当他需要深入和全面了解某一问题时，他就开始研究它，以此来弥补自己所受教育的空白。后来，他在回忆自己的人生时，深深地感到读书的重要性，他说：“读书对于智慧，就像体操对于身体一样。”

火车上的报童

因为经常购买化学药品和仪器，爱迪生之前积攒的钱已经所剩无几。此时报纸上开始登载电报的相关信息，他对此也十分感兴趣，总想着添置电器装置。那时他父亲的生意不温不火，爱迪生不愿意向父母开口要钱，但单靠他的零花钱显然无法支付这些费用。

为了解决这个困境，12 岁的爱迪生决定自己出去工作挣钱。当时他的朋友迈克正在镇上卖报纸，而且销路很好，所以他也决定试一试。他售卖报纸一小段时间后，就意外地获得了另一项特权——在往返于休伦港口与底特律的火车上销售报纸、书籍和水果。

1859 年，美国的铁路有了很大发展。就在这一年，从缅因州的波特兰至圣克莱尔河东岸的萨尼亚的铁路干线实现了部分通车。在圣克莱尔河的西岸，开通了连接萨尼亚与休伦港的轮渡，还开辟了从休伦港到底特律的南北单行线。铁路为爱迪生提供了工作的机会。他打听到从休伦港到底特律的新铁路线上需要一个男孩在车上卖报纸和水果等，铁路上不给任何报酬，但允许在车厢里卖一些食物，以赚取差价。爱迪生喜出望外，决定争取到这份工作，以多挣些钱来进行他的实验。他果然如愿了。

爱迪生把这个好消息告诉父母，结果遭到母亲的竭力反对，她觉得儿子太小了，不需要这么早就去辛苦赚钱。而且在火车上工作，危险因素太多，万一他在火车上碰到坏人，或者火车出事故了怎么办？

爱迪生耐心地劝说母亲："妈妈，我不小了，我现在都有 80 磅重了！而且我保证，我一定不会出什么事的。"

爱迪生知道怎么打消母亲的顾虑，最后母亲经不起他的软磨硬泡，只好点头应允。

就这样，托马斯·阿尔瓦·爱迪生在他 12 岁那年，在休伦港驶往底特律的早班列车上当了一名报童。

此时的爱迪生身材中等，身板结实，有着一头浓密的褐色头发。但他并不经常梳理他的头发，他对自己的形象并不怎么在乎。在爱迪生保留下来的照片中有这么一张，照片上的孩子手里拿着一叠报纸，头戴帽子，围着一条围巾，正愉快地微笑着。

早班列车清晨 7 点从休伦港出发，3 个小时后抵达底特律；

下午 4 点 30 分往回开，晚上 7 点 30 分抵达休伦港。在火车上工作时，爱迪生一刻也闲不住，总在不停地忙碌。实在太累的时候，他就随便找个地方休息一下。

爱迪生每天大致是这样度过的：早晨 7 点火车从休伦港出发，到达底特律后他先跑去报馆批发报纸，准备在归途上卖。中间休息的五六个小时，他都泡在底特律图书馆看书。晚上回到家，他便一头扎进地下实验室做实验。

那时火车进站后，往往会有不少小孩围观，而爱迪生没卖完的报纸有时会被在站台玩耍的孩子抢去帮他卖掉。很快，铁路局又开通了一条新的线路，从底特律到格拉提渥加，也是早发晚归。爱迪生的商业天赋再次显现。他在各个站台雇了一些小孩当他的助手，让他们在车站卖报，他自己只在火车上卖报。爱迪生在新开通的列车上也获得了售卖权，并雇了一个男孩在这趟列车上售卖报纸。这样一来，在报纸销售量增加的同时，他还能腾出手来经营新的项目，比如说贩卖一些新鲜的蔬菜水果，或者帮农民将新鲜的奶酪运往底特律销售。这样他每天能收入好几美元，相当于当时一个成年人一天的劳动收入。

后来，爱迪生在回忆这段生活时说："在火车上跑了几个月之后，我在休伦港开了两家店铺——一家出售期刊，另一家卖蔬菜、黄油和应季水果。一家店铺一个伙计，他们与我分享利润。"

几个月之后，爱迪生就能每个星期赚到 20 美元，这在当时已经算是一笔不小的收入。就这样，一个 12 岁的报童，不知不觉已经变成一名出色的商人。爱迪生虽然赚钱了，但他并不像同龄人那样爱钱，从来不把钱当成是自己追求的目标。他赚的钱会给母亲一点做家用，然后拿出一半分给自己的助手，剩下的除了吃饭，他全都用来买书和实验用品。

火车在底特律停留时，爱迪生每次都会抓紧时间购买货品，然后赶往底特律图书馆看书。那里的藏书比休伦小镇的丰富多了，共有 16000 多部。每次，爱迪生都要读到火车即将开动时才匆忙离去。在这里读书，是一件令爱迪生十分开心的事，不论刮风下雨，不论他有多么劳累，都从没间断过。由于他天天去图书馆，渐渐地他和图书馆的管理人员熟稔起来。一天，管理人员问他读过多少书了。

爱迪生说："我已经读完第一架上的两层书了。"

管理人员听后哈哈大笑，然后严肃地说："我看你读过的这些书，内容是毫不相干的呀！你读书的目的是什么呢？"

爱迪生说："我是按照书架上的次序读的。我想把这里的藏书全部读完。"

管理人员很佩服他，但还是好心劝道："这里的书有 16000 多部，想要全部读完不大可能，再说读书应该设定一个明确的目的，什么书都看，到头来效果未必好。你可以根据自己的需要，选定一个目标，再围绕这个目标来阅读。"

听了管理人员的一席话，爱迪生开始懂得了学习一定要有明确的目标。从此，他更加刻苦努力地学习，并注意读书方法的改进。他在图书馆读书时，经常是一边读书，一边思考实验方法。回到休伦港，他便把读书时想到的方法应用到实验中。他完全沉醉于这种全新的知识天地中，这种全身心的投入也是他日后成功的原因之一。

后来，他的小帮手还回忆道："我们到达底特律之后，会在那里吃午饭，每次都是这位小雇主付钱。他是一个有趣的人，很喜欢听幽默故事，但他仿佛一直在研究着某些事情，因为他不大去理会别的孩子谈论的事。他随时都带着一本与科学相关的书，看他的样子，好像老是在思索着什么事情似的。"

虽然火车上的工作已使他筋疲力尽，但是一回到家，爱迪生的疲劳便一扫而光，开始埋头做实验。如果有不明白的地方，他就记下来，第二天再到底特律的图书馆去查找相关资料。爱迪生老是觉得时间不够用，他开始思索怎么解决这个问题。

当时爱迪生乘坐的火车共有三节车厢，第一节为普通车厢，第二节是专供妇女小孩乘坐的车厢，最后一节是行李车厢。其中行李车厢又有三个房间，一间放货物和行李，一间放邮件，还有一间是休息室。由于这间休息室里的空气不太好，所以并没有人到这里来休息，它就成了一个空置房间。

爱迪生想："如果把休息室改成一间实验室的话，那么白天我就有时间来做实验了。"

爱迪生绝对是个行动派，他已经迫不及待地想去实现这个

想法。有一天上午，那位列车长见到爱迪生，微笑着向他打招呼：“你这么早就在休息了，报纸全卖完了？”

“是的，全卖完了，列车长。”爱迪生借机继续往下说，“列车长，我想找您商量一件事。”

“哦？是什么事？”

“我想借用那间空的休息室，可以吗？我想白天在空闲的时候做做实验。”

列车长并不认为这是一件安全稳妥的事，但是也没有拒绝爱迪生，只是反复叮嘱他务必要小心。

第二天，爱迪生就搬了一些实验器材和药品到火车上来，并开始在这里做实验。最初他只搬了一点药品到车上，然后他利用每天赚的钱不停地添购实验器材，慢慢地，那一节车厢就变成了一间完整的车内实验室。

1861 年，爱迪生已经 15 岁了，这一年美国爆发了内战（史称“南北战争”。1861—1865 年，美国北部资本雇佣劳动制各州同南部反叛的种植园奴隶制各州之间的战争）。战争爆发后，阅读报纸成为人们尽早知道前方战事、了解亲人状况的最佳途径，那个时期的报纸常常被一抢而空。爱迪生的售报业务异常火爆。

当时报纸销售商都是提前一天向报社报订数，报社再以征订数为基准确定印刷数量，所以取报时无法随意变更数量。现在只要报纸上登载了战事消息，报纸的销路就特别好。可如何才能提前知道第二天的报纸上是否有战事消息呢？

爱迪生认识《底特律自由报》的一个排字工人，于是他每天送给排字工人一份新鲜奶酪、浆果或蔬菜，然后借以获得第二天报纸的大致内容。这样，他就能估算出第二天报纸的销售数量，然后再决定订购数量。渐渐地，爱迪生对报纸销售量的预判越来越准确，而他卖报的收入也开始成倍增加。

4 月初的一个下午，底特律车站的布告板被人们围得水泄不通，原来上面张贴了夏洛战役（又称“匹兹堡兰丁之战”，南北战争中最重要的血战之一）的惨状。

爱迪生立刻预测出隔天的报纸会大卖，于是他来到车站的电报室，找到那里的电信员，请他赶紧拍电报给各个火车站，让他们张贴有关夏洛激战的布告，以此来做宣传。电信员最初并不同意，后来爱迪生许诺以后每天送他一份报纸才让他改变主意。安排好这些后，爱迪生立即跑到底特律自由报社定了1000份报纸，但是他身上当时只有300份报纸的钱，剩余的钱只能第二天再补齐。爱迪生把自己的想法告诉了报社的一位新闻记者，并说服他才被允许赊账，因为按规定是必须支付现金的。

第二天爱迪生顺利地拿到了1000份报纸。他和另外两个孩子一起把报纸搬到火车上。火车从底特律出发后，他们就开始忙碌起来。在售卖前他们把报纸折叠好，这样更方便递给顾客。因为电报宣传的作用，沿途的停靠站都有不少等候报纸的顾客。果然平时只能卖出几份报纸的站台今天也售出几十份，甚至上百份，而且每份报纸的售价从平时的5美分涨至10美分。当到达休伦港时，爱迪生把所剩不多的报纸的价格涨至25美分，仍然没有影响人们的购买热情。

后来，爱迪生回忆说："就这样，我一直卖到了休伦港站。我把剩下的报纸搬到马车上，并雇了一个小男孩坐在车后的报纸堆上，以防有人偷窃。然后我以每份25美分或更高的价格把剩下的报纸卖得一干二净。"

这次经历给爱迪生留下了深刻的印象，他说："由此，你可以理解我当时为什么会把电报看成是最好的发明了吧。正是各站站长在布告栏贴上了传递战事消息的电文，才会有这么多人赶来买报纸。"也是在这一时期，他熟悉了电报机并开始对电和电工技术产生兴趣。

长期卖报的经验让爱迪生深有体会，只要报纸上有新消息或者有趣的新闻，销路就会很不错。这一点在南北战争期间表现得尤为突出。同时，搭火车的人也大都想在旅途中看报纸打发时间，以排遣旅途的寂寞。基于这两点，爱迪生认为，若能在车内发行报纸，销路肯定不错。

但是发行报纸不是件容易的事，不仅需要印刷机，还要有新闻撰稿人等。一台印刷机价格不菲，爱迪生买不起，而且新闻撰稿人不仅要有敏锐的眼光，还要有写作水平，不然难以写出生动的新闻作品，但爱迪生更无法支付高昂的稿酬。他要发行报纸就只能靠他自己。

事有凑巧，在爱迪生决定自己办报后的某一天，他在底特律的一家商店看到一架小型的印刷机正在出售。这台印刷机本是酒店用来印刷费用单据的，后来酒店经营不善，便把它抵押给了这家商店。爱迪生在确定它还能正常使用后，决定买下它。他对老板说："叔叔，请你以最低的价格把这台印刷机卖给我。"

老板很是不解，问道："你一个小孩子要印刷机做什么？"

爱迪生来不及细说，只是请求道："我一定要买下这部印刷机，可是我带的钱不够，我明天中午再过来，请你不要把它卖给别人。”说完就离开了这家商店。

第二天，爱迪生买下了这部印刷机，并搬到了自己在火车上的实验室里。现在有了印刷机，那报纸上究竟刊载什么内容呢？爱迪生根据读者的阅读兴趣，决定刊登一些火车沿线的趣闻。然后他开始学习撰写新闻，他的广泛阅读在这时帮了忙，写作难不倒他。经过一段时间的练习，他就能写出很好的新闻稿件来。

爱迪生把这份报纸命名为《每周先锋报》，他既是社长、记者、发行人，同时又是印刷工人和报童。就是说办报的全过程都由他一个人包办，所以他的工作变得十分繁重。由于收集新闻素材和撰写报道需要很多时间，而爱迪生并不想把时间都花在办报上，所以他把沿线的主要信息收集起来，一周发行一次。

《每周先锋报》是对开版，比一般的报纸小，但内容丰富，颇受读者欢迎。《每周先锋报》每份售价 3 美分，按月订购或按年度订购的则每月支付 8 美分。每周大概能卖掉 400 份。购买这份报纸的人，大都是在铁路上工作或是住在铁路附近的人。

《每周先锋报》发行不久就意外地引起英国工程师史蒂文森的注意。有一天他在火车上购买了这份报纸，并赞扬这位年轻的编辑并不比别的报纸编辑差。后来他还提出要订购 1000 份的要求，这可把爱迪生忙坏了。

爱迪生仅靠自己，就包揽了办报的整个工序，这在一般人看来是根本不可能的，这恰好说明了他是一位“刻苦坚毅的天才”。

美国汽车工程师、福特汽车公司的建立者亨利·福特对爱迪生曾做过这样的评价：“我不是说少年的爱迪生能破天荒地在火车上印刷报纸，也不是说他能在这样小的时候办成第一流的报纸，而是说他有一种不可遏止的意志去成为科学家。他能运用他的天才向各方面发展，并能够赚钱去做他真正的工作。”

后来，爱迪生成了大发明家，而且喜欢从事各种行业，但他再也没有回过头来从事写作和出版工作。因此，人们应把他的报业工作评价为他少年时代就已有的首创精神和踏踏实实要干一番事业的愿望的表现，他的这种首创精神和愿望是经过深思熟虑和合理的商业性核算后才产生的。

“流动实验室”的终结

爱迪生发行报纸的初衷纯粹是想多挣一点钱以便购买实验用品，所以报纸的发行并没有压缩他在火车上做实验的时间。在办报、售报的空余时间里，他仍然热衷于在火车上做他的化学实验。

那时，人们常常看到一个不修边幅的少年在忘我地做着实验，他有着惊人的精力，把办报和做实验平衡得很好。但是紧接着一件意外打乱了他现在的生活。离休伦港约 10 千米的地方，有一段不太平坦的地方，列车行驶到这里车身往往会震动。这一天，随着震动，车厢里突然“砰”的一声，有东西落地。正埋头做实验的爱迪生急忙回头查看，原来是装着磷的玻璃瓶在颠簸中掉在地板上，并迅速地燃烧起来。爱迪生吃惊不小，连忙把衣服脱下来，想立刻把火扑灭。可是火势瞬间蔓延开来，愈烧愈烈。正在他奋力扑救的时候，一个名叫亚历山大·史蒂文森的列车员闻声赶来。

史蒂文森看到这危险的场面，来不及训斥他，赶紧拎来几桶水把火扑灭。火扑灭后，史蒂文森仍然怒气冲冲，狠狠地扇了爱迪生一巴掌。等车抵达休伦港时，他便对爱迪生说："这些危险物品不能再留在火车上，一刻也不能再留！"于是，他不由分说地把爱迪生赶下了车，并把他所有的实验用品、印刷机、书籍、衣服等全都扔出了这节车厢。

爱迪生捂着发烫的脸颊，看到眼前的一片狼藉，心里难受极了。他在站台上伫立良久，然后和他的小助手默默地归整好这些东西，并想办法把它们运回了家。

50 年后，爱迪生还不能忘记那次在火车上发生的灾难，他说："从少年到老年，我遭遇过许多不幸的事，但是哪一次都没有像失去在火车上的实验室那样使我感到失望。"

爱迪生在火车上闯祸的事早已传得沸沸扬扬，母亲也听说了。当爱迪生带着大包小包的实验器材走回家时，他的母亲正怀着焦急的心情在门口等他。一看到母亲关切的神情，爱迪生心中的委屈和痛苦顿时烟消云散。

这里有一件事需要交代，就是爱迪生失聪的毛病究竟是怎么造成的。有的说是被史蒂文森的那一巴掌打的，爱迪生本人也曾一度默认了这种说法。但是，爱迪生在晚年又做过另外一种描述。有一天他在站台卖报，由于一群人围着他买报，他没能及时上火车，就在火车快要开动时，他想跳上火车。他回忆道："我抓住了车后的扶梯，但无法爬上去，差点被甩了下来。这时，一个列车员来了，他抓住了我的双耳，就在他把我往上提的时候，我觉得耳朵里出现了破裂的声音。从那以后，我的左耳就聋了。如果说是那位列车员伤害了我的听力，那也是因为他要救我的命。"

还有人说爱迪生失聪是猩红热的后遗症，又有人说是遗传。但真正的原因是什么，至今仍是个谜。不管是什么原因，爱迪生失聪是事实。他起初只感到耳部疼痛，后来发生了微弱的听力受阻，随着年纪的增长，症状也愈加严重，最后左耳完全聋了。

爱迪生曾乐观地说过："我的左耳聋了，对我来说倒是有很大的好处。在电信局服务的时候，我可以只听到电报机的声音，不像其他人那样，会受到杂音的干扰。我需要将留声机、电话机加以改良，使自己的耳朵能听到声音，唯有如此，它们才更加实用。而且不管在多么吵闹的街上，我都能集中精神做事，就像住在宁静的乡村一样。"

第二章

发明家的成长

- 成为电报员
- 漂泊的电报员
- 完胜“纽约第一号”
- 早期的发明
- 母亲去世
- 遇见爱情
- 潜心发明

成为电报员

电报游戏

爱迪生失去他在火车上的“流动实验室”之后，父亲在家里替他开辟了新的实验场所。为了防止意外，他把家里的实验室从地窖搬到了顶楼，地窖里只存放一些器材和杂物。

爱迪生购买了一些化学用品、一些电报工具和电线，利用这个新的实验室开始进行电学实验，其中之一就是“电报游戏”。

当时，美国的大街小巷都风靡着“电报游戏”，孩子们都喜欢在自家的地窖中、顶楼上或是木屋中进行这项不可思议的电报实验。

爱迪生在火车上当报童的时候就对电学产生了浓厚的兴趣，

并遇到了和他有共同爱好的朋友狄克。和狄克一起去参观电信局以后，他就对电报更感兴趣了。两个好朋友开始结对做电报实验。

那时，电信业务在美国刚刚起步，所以做电报实验的材料还很稀罕，并不容易买到，大都得自己动手做。他们用瓶盖来代替绝缘器，并收集很多铜丝，把铜丝攀在自家屋顶上。他们在树枝上架设电线，并用玻璃做绝缘器。电磁线圈的电线外面则用破布绝缘，小铜簧片则充当发报机键。现在，他们已经知道如何“发送”与“接收”信息了。不过，最难解决的还是电源问题。

他俩最先想到摩擦法。不知他俩从哪里听到摩擦猫毛能产生电流，所以决定试试看。

于是他俩把家附近的猫捉来，想摩擦猫毛发电。猫被这样粗暴的动作吓坏了，拼命挣脱他们的双手，逃之夭夭。

关于摩擦猫毛发电的事，有人认为这是不可能发生的，因为像爱迪生那样有学问的人，怎么会用猫毛发电呢？

在以后爱迪生接受采访时，有人就这件事询问他，他回答说：“关于我少年时代的事情，传说很多，有些事情连我自己也不知道。那时候，究竟有没有摩擦猫毛生电我也不记得了。总之这是几十年前的事情，不过或许摩擦过也不一定。不管怎么样，那时候的我，确实是个很顽皮的孩子。”

为了解决电源问题，爱迪生查找了很多资料书，后来决定自己制作简单的电瓶。而制作电瓶需要用到的硫酸等材料，他的实验室里正好都有。不久，电源问题解决了。

一天晚上，他们两人开始试验通报。狄克在电线那头发报，爱迪生在电线这头收报。电报机开始工作了，长短不一的嗒嗒声在夜深人静的时候显得格外清脆。连续几天，他们都玩得忘记了时间，这样一来，爱迪生的父亲不乐意了。

计谋得逞

那个时候，爱迪生还在火车上卖报，这份工作会从早上 7 点钟一直持续到晚上 8 点钟。而爱迪生的父亲坚信，人必须早睡早起，所以要求自己的孩子晚上 10 点前必须上床睡觉。

爱迪生和狄克两人的“电报游戏”常常刚开始，就被父亲冰冷的上床命令打断。

“阿尔，不要玩得这么晚，现在应该去睡觉了。”

可是这样一来，爱迪生就没有多少时间做研究了，因为一般他卖完报纸回到家时总是在晚上 9 点钟左右。如何让父亲改变这个古板的看法呢？爱迪生想出一条妙计。

那时，爱迪生每天都会把没卖出去的报纸带回家。父亲在就寝前，总要读这些报纸，这已成为他入睡前的习惯。有一个晚上，爱迪生破天荒地空着双手回家来。

父亲诧异地问道：“阿尔，今天的报纸全都卖完了吗？”

“没有，还剩下几份没卖掉，但全都被狄克带回家了。”

“那你能去他家帮我要一份报纸回来吗？”

“好的，请您等一下，我发个电报给他。”

他来到电报机旁，郑重其事地开始发报，只听得电报机“哒哒哒”地开始响起来。

过了一会儿，爱迪生对父亲说道：“爸爸，狄克想通过电报把今天重要的新闻发过来。报上有南北战争的消息，格兰特将军……”

他的计谋得逞了，父亲果然着急地问道：“格兰特将军怎么啦？”

这是爱迪生和狄克事先约好的，所以对方马上发来长长的电报。最先通报战场消息，接着是议会的新闻以及加州发现新油田，等等。爱迪生马上把这些内容整理成文章。“啊，这真方便！”父亲大为感叹。

这天晚上，父子俩为了接收新闻，到凌晨一点才就寝。第二晚上，爱迪生还是如法炮制，第三天晚上仍然这样。父亲看着爱迪生熟练地接收电报，内心是赞许的。后来，父亲不再督促他早睡。他告诉爱迪生：“以后你照常把报纸带回家，我不再干涉你的工作时间。”于是报纸又如约而至，而爱迪生则可以每晚和狄克继续玩“电报游戏”，并在这个过程中基本上掌握了电报的初级原理。

有一大早晨，正要外出的爱迪生发现窗外自己架设的电报线路乱作一团，而作案者竟然是一群羊。原来羊群喜欢在果园里漫游，无意识地踢倒了电线杆，让线路缠绕在一起。当羊被这些电线缠住后，都极力想摆脱掉，这样一来就缠得更紧了。羊群大叫起来，附近的人们闻声赶来，立即把电线割断。羊群得救了，可是，爱迪生最钟爱的电报因此不能再通信了。

意外的收获

1862 年，爱迪生 15 岁。这一年发生的一件事，改写了他的人生。

一天，爱迪生照常在火车上售卖报纸。当火车停靠在克里门斯车站后，他径直下了车，打算去站长办公室闲聊一会儿，因为火车将在这里停留半个小时。这位车站站长麦肯兹同时也是一位电报员，爱迪生最爱和他聊电信业务，一来二往两人成了很好的朋友。

这天，两人正在站台上聊着天，爱迪生突然发现麦肯兹两岁半的儿子吉米跑出了办公室，来到了火车轨道上。而在不远处，一列火车正在快速地驶进站。

说时迟，那时快，爱迪生马上丢下报纸，像一支离弦的箭一样冲到火车轨道旁，一把抱住吉米，滚向轨道旁。火车从旁飞驰而过。两个孩子头朝下躺在铁轨旁的碎石堆上，满脸是血。两人虽然被碎石划破了皮，好在伤得并不重。

麦肯兹根本不敢相信刚刚发生的这惊险的一幕，他惊愕得说不出话来。一想到他的孩子差一点丢掉性命，他对爱迪生的感激之情就更深一层。事后，他一直在想，该怎样报答这位不顾自己性命救了吉米的恩人呢。麦肯兹发现爱迪生在卖报之余很喜欢到火车站的发报室去研究那里的仪器，而且一谈到电报，爱迪生就兴高采烈。因此，他认为爱迪生也许想学习电报技术，将来做一名电报员。他便对爱迪生说："爱迪生，你救了我的小孩，我应该好好报答你。我看你对电报很有兴趣，我可以教你电报技术，以此感谢你的搭救之恩。"

爱迪生高兴地接受了这个建议，一面刻苦地学习电信知识，一面到车站发报员那里观摩实际操作，有时一看就是一个通宵。不到4个月，爱迪生对电报工具已经有了深入的了解，并熟练地掌握了收发电报的技术。麦肯兹对爱迪生说："你可以出师了，我没有更多可以教给你的了。"

随后，爱迪生开始了他的电报之旅，先后供职于多家电报公司。

年轻的电报员

学成后的爱迪生并没有在电信局找工作，虽然麦肯兹可以帮他推荐。此时的爱迪生虽然只有15岁，但是很有经商头脑。他打算自己开一家电信局。他在休伦镇的一条主要街道上用合适的价格租下了一间店铺。随后，他自己动手，在电信局和休伦港之间架设了一条大约 1.5 千米的电线。

爱迪生的电信局开张后，生意却远比想象的差，倒不是镇上的居民不信任爱迪生的技术，而是因为这个小镇之前已经开设了一家电信局。

这家电信局的负责人叫托马斯·沃勒。当时南北战争正进行得如火如荼，很多热血青年都渴望去参战，托马斯·沃勒就是其中一员。他急于在离开以前找到一个可以继续经营电信局的人。此时他的竞争对手爱迪生，当然是最合适的人选。于是托马斯·沃勒找到爱迪生，开门见山地说明了来意，并承诺每个月付给他 20 美元的报酬。爱迪生觉得沃勒的主意不错，便接受了他的雇佣。

沃勒家的电信局位于一家钟表和珠宝店的二楼，钟表匠的工具应有尽有，这样一来，爱迪生不仅可以管理电报业务，而且可以随意使用这些工具，制造各种电信设备。

1863 年春，16 岁的爱迪生已经是一名相当能干的电报技师。他接受麦肯兹的建议，转而在休伦港的铁路上当了一名电报员，薪水比之前多了 5 美元。为了更好地磨炼技术，他申请当夜间电报员，从晚 7 点工作到早 7 点，因为晚间常会接收通讯社稿件，需要又快又好地完成。很快，他就能熟练地应付夜间工作了。白天，爱迪生没有都用来睡觉，他只睡很短的时间，大部分时间用来钻研电报技术，特别是电报机的构造与维修方法，以及一些有趣的电学实验。这些实践活动激发并锻炼了他的脑力，爱迪生似乎变得更聪明了。

这年冬天极其寒冷，户外铺上了厚厚的雪，连河流、湖泊都被冰封了。休伦港同对岸的加拿大城市萨尼亚之间的大湖也被冰雪封冻了，还折断了两节通信电缆，两座城市的联系随之中断。由于无法通信，两岸的人们着急得像热锅上的蚂蚁。这可怎么办呢？这时，一位少年勇敢地站了出来说：“我有办法。”这位少年说他需要一辆机车的车头和一个司机。虽然围观的人将信将疑，但是大家一时也想不出什么好办法，只好答应让他

试一试。

于是少年爬上靠近湖边的一辆休伦港路段的机车，拉响了汽笛，用笛声发出类似电报中的莫尔斯电码。短声相当于电报中的“点”，长声相当于电报中的“划”。对岸的人听到这奇特的断断续续的声音，一开始不明白是什么意思。少年毫不气馁，继续用汽笛发报。不久，对岸的一个电报员听明白了。他马上跳进那边的火车，用相同的方式回复。就这样，两座城市间的汽笛声此起彼伏，互相回应着，仿佛两个青年在对歌一样。两座城市又恢复了通信。

围观的群众顿时沸腾起来，这个聪明的少年的名字也传扬开来，他就是爱迪生。

如何应对瞌睡

和别的夜间电报员不同的是，爱迪生白天几乎不睡觉，这样一来，他的睡眠严重不足，夜间工作时常常犯困。如果夜间的工作很忙，他还能精精神神的。但是夜间工作并不多，一闲下来，他就想打瞌睡。

为了防止上夜班的电报员睡觉，铁路当局规定夜班员工每隔 1 小时要向总台发出一个“6”作为信号。爱迪生心想：如果我能够每个小时按点发出信号，那么我偶尔打个盹儿也没有关系。

爱迪生开始动手制作他的第一件发明物。他买来一架钟，制作了一个带缺口的轮，将其与钟表连接在一起，每隔一小时，就接通一次电路，自动发出“6”这一信号。

总局的稽查员莫斯先生看到爱迪生发出的信号准确无误，甚至分秒不差，认为这绝不是一般人能办得到的，心里十分佩服他。

但是，智者千虑必有一失。有一天晚上，稽查员正好在离爱迪生很近的车站闲逛。等爱迪生又按时发来信号后，这位稽查员突然想找爱迪生聊会儿天。于是，稽查员按下了电报按钮，但是没有得到任何答复。稽查员又反复按下电报按钮，结果仍毫无回信。他怕发生了什么可怕的事情，赶紧坐上人力台车来到爱迪生所在的车站。

稽查员跳下车，来不及跑进办公室，就先从窗户张望，结果发现爱迪生在角落里睡得正香。他顿时火冒三丈，想大声把爱迪生喊醒，但桌子上的奇怪装置吸引了他。一条铁丝连接着闹钟的时针和电报机的发报装置。他想看看这个装置到底有何用处。他耐住性子，等着下一次发出信号的时间。当时钟指向整点时，这个装置代替爱迪生，准时发出了信号“6”。爱迪生则继续酣睡。

现在稽查员知道为什么每次爱迪生发来的信号都分毫不差。他遏制不住自己的怒火，粗暴地叫醒了睡梦中的爱迪生，并狠狠地训斥了他一顿。因为爱迪生违反了铁路局的相关规定，所以被解雇了。

莫斯先生虽然解雇了爱迪生，但同时也很欣赏他，所以又帮他在萨尔尼亚车站找了一份相同的工作。来到这里没多久，爱迪生又被辞退了，而且差一点招来牢狱之灾。

事情是这样的：有一天晚上，他收到铁路局发来的电报，要求他通知一辆正向萨尔尼亚站驶来的货运列车停下来。爱迪生立刻回复“照办”。回电后，他跑出去找信号手，却怎么也没找到。这时，那辆货运列车从他眼前呼啸而过。爱迪生一边追赶列车，一边使劲呼喊，想让列车停下，但这根本不起作用。爱迪生急忙给总局拍电报，他收到的回复是“这会造成撞车的”。后来那辆货运列车险些与另一辆车正面相撞，好在两位司机都很机警，及时刹住了车。

事后，爱迪生被叫去铁路局问话。铁路局的总经理十分粗暴，而且正告他，他可能会因为玩忽职守而入狱五年……这时总经理办公室来了两位英国人，爱迪生趁他们谈话的当口，悄悄溜走了。为了避免在加拿大境内被抓，他马上乘船回到了休伦港。

漂泊的电报员

1864 年年初，爱迪生在距底特律西南约 100 千米的艾德里安找到了工作，受雇于密执安南方铁路公司。

爱迪生还是上夜班。他又使用了上夜班时惯用的那套把戏，因为这样不仅可以为他赢得第二天的实验时间，而且他还可以利用上班时间进行阅读。

一天深夜，爱迪生正安然地睡着觉，这时一份重要的电报发来，要求他断开线路，发送一份重要的电文。此时的爱迪生怎么能照办呢？等他醒来，发现电报另一端正在抗议，而提出抗议的人正是铁路总监。第二天，他就被解雇了。

此后，爱迪生又在韦恩堡工作了一段时间。但是，他在那里只能找到在白天上班的工作，这并不能使他满意。两个月后，他搭乘火车来到印第安纳波利斯。当时印第安纳波利斯西方联合公司的主管是约翰 · F. 瓦里克。有一天，这位主管正走在大街上，被一名年轻人拦住了。显然，这名年轻人知道瓦里克的职位，并恳求他给自己提供一份差事。这名毛遂自荐的年轻人就是爱迪生。后来，爱迪生顺利地获得了这里的一个电报员职位。

尽管爱迪生仍然上白班，但他和另一名报务员常常借故留在办公室，帮助夜班报务员接收通讯稿。正巧，夜班报务员是个爱喝酒和睡觉的人，当然巴不得有这样的好事。就这样，在此后较长的一段时间里，这两位年轻人便在这儿练习接收通讯社的电文。两人轮换操作，每人十分钟。他们一边接收，一边拼命记住内容，互换位置以后，再凭记忆把内容写在纸上。起初这种方法还很好用，可是后来西方联合公司在另一端换上了一位发报快手，让他们难以招架。

爱迪生后来回忆说："他发报的速度相当快。不久我们就发现，想和他的速度匹配是不可能的。这样我开始想办法。需要的确是发明的母亲。"他想，如果在主机后面再加接一台记录机，便能为记录争取时间。他装了两架莫尔斯电码接收器。当纸条通过头一台时，不管对方发报的速度有多快，机器都可以记录下点线符号。第二台再将发报速度转换成适宜的速度。这其实是最早的二重电报机，也是后来他发明的四重电报机的雏形。

二重电报机的工作原理是这样的：当对方发报的速度是每分钟 40 个字时，第二台机器将它转换成需要的速度——每分钟

25 个字。这种收报方法只使用了几个星期就作罢了，因为收报的速度只有发报速度的一半多一点，这样时间长了，势必造成积压。如果对方发报的字数不多，积压并不明显。但是一天夜里，恰逢总统选举，选票数据一刻不停地发来，二重电报机前积压了太多数据来不及统计。抱怨声四起，公司命令立刻调查，这样爱迪生的二重电报机被无情地拆除了。

1865 年 2 月，爱迪生被调到西方联合公司在辛辛那提的办事处工作。他在那里依旧把大部分精力用于摆弄电池和电路，然后设计出一些可使报务工作变得轻松点的器械。渐渐地，他从接线生升职到第一等级的雇员，月薪也水涨船高。他的大部分薪水都被用来购买书籍和电学方面的工具，生活则靠着剩下的为数不多的钱勉强维持着。

因为酷爱买书，有一次他差点被警察射杀。一天夜班结束后，爱迪生背着一大包书——他白天从拍卖场买下的 20 册《北美评论》——走在回家的路上。

突然一颗子弹从他耳边擦了过去。爱迪生大惊失色地发现一名警察正举枪对着自己。还没等他反应过来，警察一把上来把他扑倒，让他打开袋子。袋子打开的当口，警察就发现自己冤枉了好人，袋子里装的都是旧书。假如这名警察的枪法再准一点，说不定爱迪生就没命了。

后来，爱迪生从辛辛那提来到了孟菲斯。当时内战刚刚结束，孟菲斯还处于军事管辖状态。孟菲斯电报局的总报务长正急于修复线路，特别想恢复纽约与新奥尔良之间的联系。爱迪生接下了这项任务，并出色地完成了它。

在孟菲斯，爱迪生与乔治·古尔劳德初次见面。这次见面也颇具戏剧性。古尔劳德在报房巡视，却发现报务员爱迪生正在睡觉，而他身旁的电报机自动发出了“6”这一讯号。看来，爱迪生还在用他的老办法。不过，在古尔劳德看来这更像是一项发明。后来他和爱迪生成了朋友，在爱迪生开办自己的公司后，他又成为爱迪生公司的一员。接下来，爱迪生又在路易斯维尔逗留了两年，然后北上底特律，接着又回到了路易斯维尔。

虽然这几年爱迪生换了十个工作地点，辗转迁徙，但他的收获同样不少，而且还结识了一些从事报业的朋友。后来，他曾回忆道：“在路易斯维尔，我发明了使自己后半生受益的那种独特的纵行书写方式。”

收发电报往往拼的是速度，为了加快接收电报的速度，电报员除了要熟练掌握电报技术外，还要尽可能地提高书写速度，所以爱迪生就练出了一种字体小但清晰的竖写体字母，字母之间互不相连，并且没有任何花饰。这种书写方式非常好用，书写速度快，而且清晰好认，可以节省大量时间。由于有这两个优点，此后在需要的时候，爱迪生都会采取这种书写方式。

爱迪生重返路易斯维尔后不久，又被解雇了，因为他编造了一则时事新闻。当时正值联邦参议员大选，在南方的弗吉尼亚州，候选人约翰·M. 博茨虽处于领先地位，但选票还不足以当选。所以，立法机构天天为这件事开会。突然有一天传来消息，说反对博茨的那一派已经快要妥协，因此博茨很有可能在第二天当选。第二天，爱迪生刚收到“约翰·M. 博茨”这个名字，线路就中断了。怎么办？于是他冒险编造了一份电文，意思是说博茨已经当选。就这样，路易斯维尔的各家报纸都争相报道了这一消息，但事实是博茨并未当选。事后，做出错误报道的报纸不得已只好做了更正。经过调查，电报局发现是爱迪生编造了这一信息，不由分说就把他解雇了。

就这样，爱迪生频繁地换着工作，他每换一次工作，就获得一些新技术，这样渐渐地积累起一套足以应急的经验。

一次，爱迪生从报纸上得知巴西政府正招募报务员，便与两位同行结伴前往南美。当三个人来到新奥尔良时，他们发现准备乘坐的那班轮船已被政府征用来运送部队，而下一班轮船还要在几天之后才出发。在等待的过程中，他们遇到了一位刚从南美返回的船长。船长用他见多识广的口吻劝道：“你们不要以为南美充满了机遇，在我看来，留在美国才是更明智的选择。”船长的劝说让爱迪生改变了主意，最后他又回到路易斯维尔，重复过去的生活。除了工作时间和少得可怜的睡眠时间外，其余时间他不是在阅读，就是在做实验。

一次，在实验中，爱迪生不小心弄翻了一瓶硫酸，硫酸从地板渗透到楼下经理的房间。虽然硫酸的量并不多，但足以烧坏地毯和书桌。第二天，经理叫来爱迪生，告诉他公司不需要实验员，让他立即领了工资离开。

于是他又返回辛辛那提做夜班报务员。在这里，他碰到了一位熟悉电报系统的报务员，名叫乔治·埃尔斯沃思。乔治看爱迪生每天都在做电报实验，于是建议他发明一种不会被窃听的电报线路。乔治曾在南方一支游击队里当报务员，他不仅为南方游击队窃听北方联邦军队的电报，并且还能发出干扰联邦军队的假情报。但是，同样的，对方也可以窃听他的电文。乔治认为，对于这样的发明，政府部门一定会感兴趣，并为之买单，那么他们就可以大赚一笔。

后来，爱迪生果然做出了这套技术，不过他的具体做法至今仍不清楚。乔治得到这套技术后不辞而别，爱迪生也不大在意，谁让他只对发明感兴趣呢？此后不久，爱迪生离开辛辛那提，返回了休伦港。

完胜“纽约第一号”

1868 年还没有结束，爱迪生决定去波士顿闯荡一番。这时他已经积累了丰富的报务工作经验。对爱迪生来说，吸引他的是城市遍布、企业王国迅速膨胀的东部，而波士顿是一个不错的选择。于是他写信给在波士顿的老朋友米尔顿·亚当斯，托他代谋一份职业。米尔顿·亚当斯是他在辛辛那提结交的一位志同道合的朋友。这位朋友早几年就去了波士顿发展。

亚当斯便把他的信交给了中央电信局的经理米利肯。米利肯立刻被爱迪生的书写打动了，便问道：“他抄电报时也能写得这样整齐吗？如果能够的话，那么叫他来，我马上雇佣他！”

亚当斯立即去信让爱迪生尽快赶来波士顿。然而，当衣衫不整的爱迪生到达波士顿的时候已经是一个星期以后了。

“你怎么到得这样晚？这可不像你的作风啊。”亚当斯笑着说道。

“哦，米尔顿，如果我旅费充足的话，我可以到得早一些。”

“哈哈哈，你可别告诉我你是走着来的。”

“当然不是，我只不过花了点时间跟铁路公司交涉，弄了一张他们的乘车证，然后就这样来了。”

“既然这样的话，你也应该早就到了啊。”亚当斯不解地说道。

“是的。可是我遇到了大风雪，推迟了 4 天才到达蒙特利尔。上帝，那几天我都不知道是怎么过来的，实在太冷了。”说到这里，爱迪生不由自主地打了个寒噤。

当衣着古怪的爱迪生来到中央电信局，和米利肯经理交谈了不到 5 分钟，米利肯就充分认识到眼前这名年轻人的才华。他对爱迪生说：“好吧，小伙子，你什么时候可以上班?”

“随时都可以。”

“那么，请你下午 5 点 30 分来上班吧!”

这一次爱迪生没有迟到，他准时出现在中央电信局。按理新进员工应该和电信局的其他同事打个招呼，但爱迪生并没有这样做，这让人觉得他目中无人。其实这只是爱迪生的个性使然。大家交头接耳地说道：“嘿，瞧他那奇怪的装束，真是个怪人。”

“是啊，我猜他一定是从西部来的，简直是一个乡下土包子。”

“等下给他点颜色瞧瞧，免得他太嚣张。”

“对，可是要怎样做呢?”

“让他去负责‘纽约第一号’!”

“哈哈，真想快点看到这新来的家伙应付不过来的窘样!”

他们说的“纽约第一号”是指在纽约那边的一个发报速度极快的电报员，波士顿电信局里的电报员接收电报的速度都跟不上他发报的速度。他们想爱迪生是个新来的，肯定也无法搞定这个厉害的发报员，这样一来就可以给他个下马威了。

一番交头接耳后，便有一个同事过来把爱迪生领到写有“纽约第一号”的位置上，并交代道：“今天你就负责这条线路，一会儿有一封从纽约发来给波士顿环球报社的电报。”同事递给他一支铅笔，爱迪生不明就里，毫不犹豫地接过铅笔坐了下来。等了不到一个钟头，就有电报从纽约那边发过来。

“嘟，嘟，嘟……”刚开始纽约的电报员发得并不快。爱迪生毫不紧张，有条不紊地接收着，还时不时提笔检视一番。不久，对方就加快了速度，爱迪生还是很轻松地跟上了他的速度。显然对方是太过轻敌了，所以恼羞成怒，发报的速度更快了。收报机的嘟嘟声急促地响着。

那些同事早已无心工作，都围在爱迪生周围观战，原来这些同事和纽约那个发报员已有约在先，为的是看爱迪生出丑。看到围观的同事，爱迪生立刻明白了这是怎么一回事，但他仍不动声色，接收电报时手动得比机器还快。

纽约的发报员越来越快，企图迫使爱迪生在这场比赛中认输。他甚至故意刁难爱迪生，开始发出一些含糊不清的句子，有时还胡乱加入一些符号。要是换作其他接报员还真的会焦头烂额，可是现在接报的是爱迪生。当初西部的电信设备并不完善，他经常遇到现在这样的状况，所以早就被磨炼出来，能从容应付。

4 个小时过去了，爱迪生用端正的字体记下电报，就连标点符号也记得很清楚，再挑剔的印刷工人也会称赞这份电文手稿。

半夜 12 点的钟声已经敲过，纽约电报员发报的速度明显慢了下来。爱迪生觉得这场恶作剧已经结束了，于是拍出一份电报调侃道："喂，老兄，你怎么这样不灵活呢？你大概是累了，但你可以用另一条腿发报呀！"

周围看热闹的同事都吃惊不小，并由衷地敬佩爱迪生，后来他们成了很好的朋友。

显然爱迪生在这场"战斗"中取得了胜利，但他根本就没把这件事放在心上。他很快适应了这里的工作，并向经理申请上夜班：这样他又可以夜间工作，白天看书和做实验。

一次，他抄写了一份 1500 字的密密麻麻的电文，结果由于间距太密，上司不得不让他重抄一遍再送交报社排字间。这样，爱迪生就被调离了抄写通讯稿的岗位，只是因为他能力出众，才免于被解雇的命运。

多年后据一个认识爱迪生的记者回忆："爱迪生发报的速度快如闪电，连收报专家都难以招架，不得不常常打断他，请他重复。"

早期的发明

遗憾的发明——投票记录器

现今的波士顿是全美居民受教育程度最高的城市。举世闻名的哈佛大学（创立于1636年）和麻省理工学院（创立于1861年）都位于波士顿。在爱迪生生活的时代，波士顿的学术氛围就很浓，这里有很好的图书馆，能轻易地找到各种电学书籍。

来到波士顿不久，爱迪生买到一本《法拉第电学实验研究》，读了这本书，他才知道原来研究类书籍也可以写得这样浅显易懂。这本书详细地介绍了电的相关知识，阐述了电报业发展的理论基础，这些知识使爱迪生大受启发。有一段时间，爱迪生对这本书特别着迷，吃饭睡觉都舍不得放下。他甚至把里面的电学实验依次做了一遍，获得了更多的电学知识。

当时电的应用并不广泛，电报算是其最重要的应用，而且在内战和战后国家的发展中，电报都显示出极其重要的价值。但显然，当时电报技术还处在发展初期，有很大的改进空间。

爱迪生在印第安纳波利斯曾设计出二重电报机的雏形，现在他把他的想法告诉米利肯经理，这位经理听完，眼前一亮，仿佛看到了二重发报机的美好前程。他鼓励爱迪生早日完成这项发明。所以在波士顿的这段时光，可以说给爱迪生留下了轻松愉快的印象。这里不仅有好友亚当斯、赏识他的上司米利肯，还有他热爱的电报工作。

但接下来他正式发明的东西并不是二重电报机，而是另有其物。

一次，爱迪生在新闻电报专线上得知国会表决再次出现纷争，而这简直是家常便饭。1865 年南北战争虽然结束，但在当年林肯总统就遇刺身亡。几年过去了，美国仍充满不稳定的因素，国会选举总会纷争不断。于是爱迪生就想能不能制造出一种机器，它能自动记录投票数，而不是像现在这样，先一次又一次呼唤议员的名字，再一个一个记录赞成或反对的意见，最后作统计。

爱迪生对这个即将发明的投票记录器已经有了初步构想，他要让议员们在自己的座位上就完成投票。每位议员的桌子上将装上投票按钮，在投票时，议员们只需要用手指轻轻地按下按钮，往右表示赞同，往左表示反对。与此同时，各位议员的表决会在议长的办公桌上的另一个仪器上记录下来，并自动统计表决数。

1868 年，爱迪生和他的助手委托波士顿的一家电气机械工厂制造出了投票记录器。值得一提的是，这家电气机械工厂的主人正是日后和爱迪生一起发明电话的贝尔。10 月 11 日，爱迪生向华盛顿专利局递交了一份投票记录器专利申请书。直到第二年的 6 月 1 日，他才获得这项专利特许证，证号是 90646。这项被认可专利的发明，让他欣喜若狂，现在他辞掉报务员的念头越来越强烈。

当时电报技师的薪水并不低，但是因为爱迪生把钱大都用来购买书籍和实验设备了，所以没有积蓄。而这次制作投票记录器，已经用光了他的最后一分钱。现在他必须卖掉这台机器，以此来缓解他的财务危机。爱迪生抱着这台机器兴冲冲地赶到华盛顿，希望国会能采用他发明的投票记录器。

爱迪生找到国会议长，并兴致勃勃地向他一边讲解一边演示自己发明的机器。听完爱迪生的解说，这位大胡子绅士竟哈哈大笑起来，并用嘲弄的口气说道：“小伙子，世界上的发明，我们最不需要的就是你发明的这个东西！”

爱迪生听了，一头雾水。另一位国会议员告诉他，议会表决往往被故意拖得很长，许多议员就靠拖延时间来达到自己的目的，或是讨价还价或是使不利于自身的议案无法通过。这样看来，爱迪生的发明对他们来说确实是如同废物一般。时至今日，许多西方国家的议会仍不使用表决机器，就是这个道理。天真的发明家这才明白自己是一厢情愿，研制了根本不会被采用的机器。这次的碰壁使爱迪生悟出一个道理：他应该去发明大众真正需要的东西。

初来纽约

靠投票记录器赚个三五万美金的想法沦为泡影，但爱迪生毅然决然地继续从事发明工作。当然，此后的发明只限于在那些确实能够使他得到利益的领域里进行。

从华盛顿回到波士顿，爱迪生已经身无分文，但是他并没有回到原来的公司上班，而是继续举债搞发明。这样到最后，他不仅吃住成问题，还面临着随时被控告的危险。在这艰难时刻，米利肯经理建议他去纽约，并相信他在纽约能获得成功。亚当斯偷偷把他送上开往纽约的船。当时纽约是全国的电报中心，他希望爱迪生能在那里有所作为，而他自己将离开波士顿前往旧金山。两位好朋友就这样分道扬镳。贫困潦倒的爱迪生来到纽约，在那里开始寻求新的机遇。

当时，纽约不但是全国的电报中心，也是著名的金融中心，黄金股票交易迷住了千百万人。忽高忽低的金价时刻牵动着全国大小商家的心。爱迪生抵达纽约后，径直来到西方联合公司，找到自己的“旧识”哈德逊寻求帮助。其实这是两人的第一次见面，说是旧识，是因为哈德逊就是“纽约第一号”。哈德逊帮爱迪生物色了一个可以睡觉的地方——一家黄金行情公司的电池室，而这里也变成了爱迪生的幸运地。

这家黄金行情公司是靠电动报价机通报华尔街黄金交易所的行情。有一天，正在紧张交易期间，主控机器出了故障，突然停止运行。黄金行情公司的技术人员努力排查仍没能找出问题出在哪。交易大厅和各个办公室都闹哄哄的，不知道该怎么办。总经理路斯博士也跑来了解情况，看到眼前的混乱局面，他也变得慌乱起来。要知道黄金市场瞬息万变，要是中断通报，哪怕只有一次，后果也不堪设想。顾主没有赢利还是小事，要是造成损失，动辄就是上百万，这可是公司负担不起的巨额经济赔偿呀！在这节骨眼上，总经理忽然注意到靠近机器的爱迪生，看他一副跃跃欲试的样子。路斯博士立刻询问他是否会修这个机器，爱迪生已经在旁观察了好一会，并有十足的把握，所以斩钉截铁地回答“能够”。

总经理仿佛遇到了救星一样，激动地握紧他的手说道：“请赶紧试一试，公司的存亡全靠您了。”

爱迪生脱下外衣，卷起袖子，马上动手干起来。这次故障是因为显示器接触部分的发条断了并夹在了小齿轮的中间。他修理的动作轻快而准确。时间一秒秒地过去，总经理紧盯着腕表，滴答声在他听来仿佛巨雷轰鸣一般。距下次报价只剩两分钟了，总经理都快绝望了。

这时爱迪生平静的声音传来——“好了”，显示器恢复了正常。围观的人群发出胜利的欢呼。

第二天，爱迪生被委任为这家公司的总工程师，月薪 300 美元。爱迪生简直不敢相信自己的耳朵，当他听到这个数额时，简直高兴得想跳起来，但他装着若无其事的样子，平静地接受了这份工作。爱迪生从公司的电池房搬进了一间公寓，他终于靠着自己的本事在纽约这个城市站稳了脚跟。

爱迪生通用印刷机的诞生

爱迪生搬进公寓的第二天，便在房间里开辟了一处地方作为实验室，开始各种新的发明实验。他继续研究他之前未完成的作品——二重发报机，但黄金行情公司的修理工作却没完没了，到最后，这位总工程师终于下定决心先对黄金报价机进行改良。

1869 年 9 月，这家黄金行情公司被西方联合公司收购，爱迪生又成为西方联合公司的员工。不久，爱迪生从公司辞职，并和原同事富兰克林·波普共同创办了波普-爱迪生公司。

创办公司后，爱迪生更忙碌了。为了节省时间，他租住在新泽西州伊丽莎白市的波普家，并在不远处租了一间实验室。他每天 6 点起床，赶去纽约合办的公司上班，下午 6 点再匆匆赶往实验室搞研究。每天基本要凌晨 2 点才能到家。

让人想不到的是，3 个月后，爱迪生发明了比黄金报价机功能更完善的金价印刷机。金价印刷机不仅能印出数字，而且不需要人全程照看。

西方联合公司的总裁勒佛兹对这项发明很感兴趣，第一时间买下了这台机器的使用权。随后，爱迪生和合伙人平分了收益，并解散了公司，因为他想一心做实验搞发明，不想把宝贵的时间花在经营公司上。

一段时间后，爱迪生通用印刷机成功面世。勒佛兹总裁再次找到爱迪生，想购买这项发明。

由于当时爱迪生还有几项发明设计正在进行，非常需要资金，于是同意将专利卖给对方。

“我对你发明的通用印刷机很感兴趣，你打算将它卖多少钱?”勒佛兹总裁试探性地问道。

爱迪生从没有谈过交易，一时被问得语塞了，他想：“我在这个机器上花了这么多的心血，肯定不能贱卖。可是如果我要个几千美元，他会不会觉得报价太高而不接受?”

看着爱迪生犹豫不决的样子，勒佛兹总裁出价了：“4 万美元，你觉得怎么样。”

爱迪生几乎不敢相信自己的耳朵，他做梦也不会想到对方会出这么高的价格。过了好一会儿，他才平静下来，回答说：“这很公平。”直到拿着支票走出公司大门，爱迪生才真正相信自己有了一笔不小的财富。他马上开始盘算需要购买哪些实验器材好进行下一步的研究。在他眼中，赚钱的最主要目的就是筹措资金进行研究。

爱迪生利用这些钱还清了他在波士顿欠下的债务，然后开始了自己的创业。

创办纽瓦克工厂

爱迪生来到新泽西州的纽瓦克市，在那里的沃德街 10 号与 12 号开办了车间，从事通用印刷机和其他设备的生产。不久，订单纷至，而最大的客户还是勒佛兹，他订了 1200 台通用印刷机。车间原本只有 18 名工人，随着订单的不断增加，工人也增加到 150 人。尽管这样，他们还是需要分成白班和夜班不停地赶工才行。作为老板的爱迪生更加勤奋，两班工作他都会亲自去巡视，所以他每天的睡眠时间不足 4 小时。他的工厂工作效率很高，每天能够生产 45 台通用印刷机。

他的这种实干高效带动着工厂高速前行，在这样的状态下，他的发明并没停滞，有一段时间他同时进行着 45 个与电报相关的重要发明。

虽然爱迪生擅长发明创造，但是对于财务管理却不那么得心应手。最开始，爱迪生对工厂的所有事务都亲力亲为，账目也自己管理。他的工厂，订单多得做不过来，但他的实际利润却基本为零。他对他的账务管理是这样描述的：“我只管管工资账单，浏览一下报表，一般是签字照付。”

后来和他打交道的银行人员看不下去了，就给他介绍了一位商业经理。这位经理走马上任的第一个月全在整理工厂两年以来的收支情况。最后得出结论，工厂有3000美元的利润。听了这个数字，爱迪生略感失望。随后这位商业经理把爱迪生的事业管理得井井有条，让他能全身心地投入发明创造。

爱迪生工作起来废寝忘食。他的工人们也和他一条心，对工作抱有十足的热情，常常忘记了下班。他们简直不是为爱迪生干活，而是像为自己干活一样。他们都对这位老板顶礼膜拜，觉得他的脑袋就像一台精密的机器。

爱迪生也是一位人情味十足的老板，一旦有大项目完成，他会主动增加工人工资，所以，虽然他这里的工作强度很大，仍吸引了当地最优秀的工人。在完成难度特别大的工作后，爱迪生还会和工人一起开宴会，或者停工一天，带他们外出钓鱼。

爱迪生的办公桌就放在车间的墙角，这里记录下他的每次发明。每当完成一项发明时，他总会立即站起来跳一种奇怪的舞蹈，传达他的兴奋之情。一看到爱迪生跳舞，工人们便会围过来，接受指示，先是绘图，再是制造。

有一次，爱迪生接了差不多3万元的订单，但是生产出来的机器有缺陷。爱迪生便把全体员工召集在一起，说：“不把这批产品改进好，谁也不能出门一步。”

他们连续工作了60个小时，中间几乎没有睡觉，饿了就啃点面包。最后工人们的妻子实在放心不下，有的在工厂外呼喊丈夫，有的偷偷往厂里塞食物。爱迪生丝毫没有让步，直到机器完全改进好，才打开工厂大门。

这 60 个小时，爱迪生和大家并肩作战，工人们也毫无怨言。在放大家回去休息时，爱迪生说："大家回去饱饱地睡一觉，睡醒后如果觉得这份工作不好，就不必回来了。"24 小时之内，所有的工人都回来了。

母亲去世

爱迪生在当地已经是个响当当的发明家了，经常有同行慕名前来拜访请教。这天和爱迪生相熟的一位记者领着一个陌生男子来到爱迪生的工厂。这个人一见到爱迪生就着急地上前介绍自己："我叫克里斯托夫·肖尔斯，我遇到了难题，想请您帮帮忙。"

说着，肖尔斯递上一个木头制作的打字机模型。这台打字机打出来的字参差不齐、墨迹不匀，简直比手写还费事。经过爱迪生仔细的研究，的确发现了改良方法。这就是后来大名鼎鼎的雷明顿式打字机。

爱迪生当时曾预言："这种新式打字机不仅大大提升书写速度，而且使用简便，打出的字迹优美整洁，应该会很快得到推广，受到大众的喜爱。"但现实并非如此，原来当时的人们普遍认为，手写的书信才能更好地表达情感，所以排斥使用这种打字机。等到那些使用过的人赞不绝口，打字机的销路才慢慢打开。最后还催生了一个新的职业——打字员。

这时，爱迪生收到一封加急电报，上面传来噩耗：母亲病危。

这简直如晴天霹雳，爱迪生心急如焚地往家赶，生怕错过了和母亲的最后见面。当他推开门，看到病榻上的母亲时，悲从中来，泣不成声。他的母亲头发已经全白，身体非常瘦弱。见到儿子回来了，她努力地睁开双眼，轻轻地问道："是阿尔吗？"

"妈妈，你一定要好起来，我的事业才刚起步呢！你一定要好好地活着啊！"他紧紧握住母亲的双手。

母亲虚弱地说道："阿尔，我病得很重，不然也不会给你拍去加急电报。你不要太难过，我就是去了天堂，也会在那儿一直注视着你的。"

听了母亲的话，爱迪生泪如雨下。对爱迪生来说，世界上最重要的人就是母亲，可是现在，母亲要永远地离开他了。爱迪生完全不能接受，哭得更伤心了。

"阿尔，别哭了，每个人都会有这一天的。你的路还长着呢，以后不管遇到多棘手的事情，你都要勇敢面对，不要轻言放弃。"母亲用尽最后的力气说道。

1871 年 4 月 9 日，爱迪生的母亲永远地闭上了双眼，这年她才 61 岁。

爱迪生将母亲安葬在湖畔的小山上。他跪在母亲坟前大哭一场，才昏昏沉沉地回到纽瓦克。

回到工厂后，爱迪生把悲伤深深地掩埋起来，他觉得只有加倍努力工作，才是对母亲最好的报答。

遇见爱情

爱迪生和第一任妻子玛丽是怎么相识的，历来有多个版本。但确切的是，1871 年玛丽是在纽瓦克工厂做事。

一天中午，爱迪生从研究室出来，准备外出吃饭，不想突然下起了暴雨。爱迪生反身拿着雨伞下楼，看见门口有两个年轻女孩在避雨。

“你俩把伞拿去用吧。”爱迪生爽快地说道。

这两位女孩你看看我我看看你，并没有搭腔，不过最后还是礼貌地说道：“那么，谢谢你了。”原来她们是姐妹俩，姐姐叫玛丽·史迪威，16 岁，妹妹叫爱丽丝·史迪威。她俩在这附近的学校上班。

玛丽是一位文静的女生，话并不多，爱迪生很喜欢她，有时会主动去学校找她。慢慢地，两人熟悉起来，有一天爱迪生询问玛丽：“你愿意来做我的助手吗？”

虽然玛丽有诸多疑虑，但爱迪生仍成功地说服了她。这样爱迪生的研究室多了一位女助手。

爱迪生为了做实验研究，购买了许多书，抬眼望去，研究室里到处都是书。爱迪生查阅书籍时，会在重要的地方画上红线。玛丽的工作则是将那些画过红线的部分工整地抄下来，并按照顺序整理好。

玛丽十分佩服爱迪生，看着他成天沉迷于工作和阅读，爱迪生也喜欢玛丽的勤奋聪慧。他们两个互相吸引，互相爱恋，度过了一段美好的时光。爱迪生求婚时，玛丽才 16 岁。玛丽的父母想让他们推迟一年再成婚，但爱迪生却想立即开始他的婚姻生活，并把婚期定在了当年的圣诞节那天。筹备婚礼时，爱迪生在纽瓦克购下新居，结婚后便和妻子高兴地搬入了新家，开始他俩的新生活。不久，这对新婚夫妇又去尼亚加拉瀑布度蜜月。

按理，大婚之日对每一个人来说都是极其重要的时刻，但是你能猜想到吗，爱迪生这天仍在他的实验室里工作，甚至误了结婚晚宴。

结婚典礼一结束，爱迪生就匆匆地往门外走去，边走边和来宾们说："我有点事情赶着去处理，你们稍等片刻。"说完，一阵风似的消失了。

新娘想：在这种时刻，丈夫是不会让客人们久等的。可没想到，爱迪生一走就几个小时，喜宴开始了，仍不见他的身影。

来宾们只好自行用膳。事后，有人责备爱迪生，圣诞节之夜，又是新婚之夜，却让新娘一个人在焦急的等待中度过，这是多不应该啊。

原来，就在婚礼进行中，爱迪生的脑海里突然冒出一个解决自动电报机的方案，这是他近来绞尽脑汁也未能解决的问题。他急于要去做实验，也就顾不得陪新娘和客人了。

爱迪生一到实验室，就开始聚精会神地做实验。等他的朋友默里在实验室找到他时，已经是深夜 12 点了。

“现在是什么时间?”爱迪生问道。

“已经是晚上 12 点啦!”默里回答。

爱迪生大叫起来:“天啊！我还要陪客人们吃晚饭呢!”

看吧，这位发明家就是这样忘我工作的，虽然他无意于结婚当天冷落他的妻子。在以后的生活中，这样的事时常上演。爱迪生一工作起来就会忘了时间，等他想起来看钟表时，往往已经是半夜两三点。这时候他一般会披条毛毯睡在研究室里。但显而易见，家庭的建立结束了他凡事都得靠自己的困难局面，让他能把全部精力集中于发明工作上。

潜心发明

1873 年，爱迪生的第一个孩子出生了，是个可爱的女儿。为了表示对爱迪生姐姐的尊敬，夫妻俩给孩子起名玛丽昂・艾丝泰儿。1876 年，妻子又给爱迪生生下一个儿子，取名叫小托马斯・阿尔瓦。1878 年，他们的第二个儿子威廉・雷斯里降生。

有趣的是，由于爱迪生非常喜欢电报技术，所以他干脆给大女儿取名“多特”，给大儿子取名“德西”。在莫尔斯密码符号中，前者代表“点”，后者代表“划”。

爱迪生并没有沉醉于家庭的温馨氛围当中，他仍将大部分的时间花在工厂里。他在晚年时曾回忆道：“在工作最紧张的时期，我每昼夜睡眠都不超过四个半小时，实在困了就和衣睡在工厂或实验室里。”

在纽瓦克工厂，他最先着手的项目之一就是自动发报机。这种能自动发出信号、速度超过手工操作的第一台机器，是在二十几年前由亚历山大·贝恩设计制造的。在贝恩之前，最快的发报速度每分钟只能达到50个单词，贝恩把这个速度提高到每分钟400个单词。但人们仍不满意，先后有发明家对贝恩的发报机进行改良。经过反复实验，爱迪生终于解决了老式自动发报机在处理信号末尾的失真和发送带本身的问题。之后，他用改进的新式自动电报机在纽约与费城之间完成每分钟1000字的收发，在纽约和华盛顿之间完成每分钟3500字的收发。

爱迪生曾带着改良成功的自动发报机到英国进行实验，但是实验并不像在美国这样成功。英国方面十分苛刻，甚至要求他用海底电缆来做实验，而海底的电缆盘绕容易产生电磁感应，影响信号的接收，发报的速度始终快不起来。

与此同时，他完成了在印第安纳波利斯就开始研究的二重电报机的发明，实现了用一条电线向两方发送电报的愿望，即两种信息能同时朝相反的方向传送。

1872年，爱迪生取得了38项发明专利权，1873年又新增加了25项。

1873年年初，爱迪生与西方联合公司之间达成默契，继续研究四通路电报机。

1874年深秋，爱迪生来到西方联合公司的电报房进行试验。试验结果证明，他的四通路电报机性能良好。后来这种机器被安装在连接纽约与波士顿和费城的线路上。到当年年底，四通路电报机的研制工作基本完成，西方联合公司答应先付给爱迪生

5000 美元，随后每年付给他 6000 美元，共支付 10 年。

但是后来西方联合公司未能践约，该公司总裁威廉·奥顿离开纽约后，总监埃克特就通知爱迪生，说他们公司将拒付给他任何款项。不过他告诉了爱迪生另一条消息：古尔德想购买这种四通路电报机专利。

古尔德看了爱迪生演示四通路电报机之后，愿意出价 3 万美元购买他的这项产品。

当时爱迪生在财务上遇到了极大的困难，入不敷出，甚至税金都缴不起。这 3 万美金使爱迪生暂时渡过了难关。偿还债务后，爱迪生把剩余资金全部用来试验一种六通路的电报机，结果未能成功。

古尔德却在这笔交易中获得了不少好处，1892 年爱迪生在《科学美国人》杂志上曾算过一笔账："我的四通路系统中的每一英里（1 英里≈1.61 千米）电线都相当于以前的 4 英里电线的功用，他使用的这种四通路系统总共就等于省去了价值 1080 万美元的 21.6 万英里长的线路，而且这些省去的线路不需进行检修。假如按以往每年每英里 4 美元的检修费计算，每年共计节约 86.4 万美元，此外还省去了借贷 1080 万美元建造基金所要偿付的利息。"

四重电报技术被公认为是自莫尔斯以后电报学上最重要的贡献。

虽然爱迪生在电报业上的贡献如此之大，但是最后却黯然离场。古尔德答应继续支付给爱迪生的股票承诺并未实现，他的新实验并未取得成功，所有投入都打了水漂。

到 1875 年，爱迪生和古尔德关系彻底破裂，两人之间的诉讼纠纷持续了 35 年之久，最后爱迪生也一无所获。爱迪生对电报业的研究兴趣就此画上了句号。

但值得一提的是，从纽瓦克工厂走出来的工程师，其中一些成长为业界精英，这也是爱迪生对科学界的又一贡献。

第三章

伟大的发明生涯

- 门罗研究所——第一所“发明工厂”
- 电话专利权之争
- 留声机
- 崭新的电光世界
- 照明系统应运而生
- 让电车行驶

门罗研究所
——第一所“发明工厂”

1876年春天，爱迪生从纽瓦克迁到了新泽西州的门罗公园。他在这里建造了第一所“发明工厂”，它“标志着集体研究的开端”。自此他开始组织专门人才，共同致力于一项发明，进行系统的、复杂的、品类繁多的科学研发工作。

门罗公园位于纽约郊外，距纽约大约40千米，正符合爱迪生想在纽约附近建立实验基地的设想，而且门罗公园环境清幽安静，在这里做实验，研究人员也不易被打扰。

门罗实验室坐落在庭院中央，是一栋形似长方形的楼房，这是爱迪生亲自设计的。楼下设置了爱迪生的办公室、工作室和书房，楼上是实验室、生产车间。不远处，爱迪生建造了一栋三层小楼，专门供小孩们玩乐。

新的实验基地被爱迪生命名为“门罗研究所”。他为这个实验室配备了大量的实验设备，并对图书馆进行了扩充。门罗研究所的建立，不但在爱迪生一生的事业中具有不可估量的意义，而且在美国历史上也是一个创举。它可以称得上是美国大型工业研究机构的前驱，对美国重视实用科学研究传统的形成产生了重要影响。用亨利·福特的话说，“爱迪生明确地结束了理论科学家同实用科学家的区别，使我们今天一想到科学上的发现时，总连带想起这些发现可能在现在或将来应用于人类的需要。他以严密的科学知识代替工业上光凭老经验的方法，另一方面他又把科学研究引入有用的渠道”。

门罗研究所每 10 天就有一项较小的发明，每 6 个月就有一项较大的发明。爱迪生网络了很多人才，原来在纽瓦克的查尔斯·巴切勒、约翰·克鲁西、约翰·沃特以及其他一些出类拔萃的人都跟随他来到门罗研究所。不久，爱迪生又雇用了后来成为普林斯顿大学教授的数学家弗兰西斯·厄普顿和玻璃吹制工路德维格·贝姆等人。

门罗研究所建立后，爱迪生更倾心于发明，涉及的领域众多。1876 年，费城举办科学发明百年纪念展览会，展出过去一百年美国的所有发明成果，当然其中也包括爱迪生的发明成果。

1879 年，爱迪生在门罗研究所获得的第一项专利是铁笔。这种笔是油印机和复印机的前身。油印的过程是这样的：首先用铁笔在蜡纸上书写，纸下垫着钢板。铁笔书写后，蜡纸上便留下无数小孔。接着将这张蜡纸铺在普通白纸上，用滚筒蘸着油墨从蜡纸上滚过，油墨会渗过小孔，留在下面的纸上。

很快，爱迪生又对这种铁笔进行了改良，设计出了气动铁笔。气动装置可使笔尖做上下运动，这样便在纸上留下一连串的微孔。最后，爱迪生又设计出一种电笔，并作为成型产品进行推广。用这种笔刻出的蜡纸，可以清晰地复印3000份。

然而爱迪生的发明过程并不是一帆风顺的，而是充满了坎坷和失败。每次失败，他总是幽默地说："我愉快地告诉大家，我们失败了，但从中学到了新的东西，那就是现在明白了这项设计不能用这种方法完成。"听了他的话，所有人便在哄笑声中重拾了信心。

爱迪生的想法千奇百怪，一次，一个记者开玩笑地问道："能否从黄瓜里得到能源?"爱迪生居然很严肃地说"可以"，并阐述了黄瓜储存日光能源的道理，还郑重地表示以后可以试一试。

门罗公园附近的居民都把爱迪生看成一个超常的智囊，对他不论多奇妙的发明也不表示过分惊讶，大家开玩笑地说："哪怕有一天看见爱迪生在与火星上来的科学家亲密交谈，也会认为是理所当然的事情。"

正如人们所预想的，爱迪生与其他的科学专家一起，在门罗公园取得了震撼世界的成就。

电话专利权之争

早在 1852 年，查尔斯·波尔塞尔就表示，是时候让人们的对话通过一根电线去进行传播，让人们在距离较远的情况下也能进行正常状态下的沟通。这相当于提出了电话的工作原理。

后来，菲利普·赖斯教授将波尔塞尔的想法付诸实践，制造出了一部接话机，其接收器能够将声音重现。这就是电话的雏形。

爱迪生常常想，如果电报能直接传送声音，那该是一件多么美妙的事。于是他开始研究赖斯教授的接话机。随着研究的深入，爱迪生发现接话机最大的问题出在“断续电流”上。如果可以根据电流的强弱改变磁场力的大小，让铁板振动的话，那么声音就可以通过这个装置传送了。

几乎同时还有两位科学家也在研究发明电话，一位是亚历山大·贝尔，一位是伊莱沙·格雷。

1876 年 1 月 14 日，爱迪生向专利局申请“许可权保护”，这意味着专利局有责任保留且不再接受类似申请。

一个月后，亚历山大·贝尔完成发明，正式向美国政府提交发明电话机的专利申请。同一天，伊莱沙·格雷也提交了专利申请，但比贝尔迟了两个小时。虽然爱迪生早一个月提交保护申请，但因为贝尔的电话实物早一步诞生，时隔 11 年后，专利局最终将电话发明的专利权颁给了幸运的贝尔。

贝尔发明的电话是磁石型的，送话筒和听话筒都很笨重，而且还有一个致命的缺陷——送话筒灵敏度不够，通话时，双方得用很大的音量才行，这极大地影响了贝尔电话的使用价值与范围。

贝尔知道自己电话的缺点，也在努力进行改进，使通话音质变好。

1877 年第一份用电话发出的新闻电讯稿被送到美国波士顿的《世界报》，它标志着电话已为公众采用。同年，贝尔成立了贝尔电话公司。

此时电话并没有大量投入使用，但是在电报行业看来，电话却是一件能够影响到电报业未来的新事物，西方联合公司的董事长奥顿就深深地感受到了危机。

为了降低将来电话通信对自己电报公司的影响，奥顿找到爱迪生，要求他改进电话，让贝尔的电话变得更加实用一些。对于能让大众受益的发明，爱迪生很乐于投入精力研究。于是，爱迪生开始从事电话的改良。

爱迪生在刚开始研究制造电话机时，利用了赖斯的送话器和他本人以前所使用过的一种谐振接收机。为了传送清晰的言语，就要使赖斯研发的系统变得更加灵敏，其中首先应提高的是送话器的灵敏度。爱迪生以此为目标，开始试验。

他先在赖斯送话器中，在薄膜上的针尖和铂片之间放上几滴水看能否起作用。这个试验彻底失败了，水被分解了，因受声音振动影响，电路中的电阻的变化范围不但没有加大，反而变小了，以至于严重失真。后来，他又在针尖上套上一个小环，然后在针尖和小环中间的薄膜上放一滴水和浸透各种溶液的海绵，以及纸或毡，也都失败了。

早在 1873 年，爱迪生就制成了一种变阻器，它是在筒里装一些粉状炭、石墨和其他一些属性材料制成的。这些材料在受到压缩时便会改变其阻抗的属性。在 1876 年年初，爱迪生在电话的送话器中运用了这种变阻器。后来，爱迪生进行了重要的改进，他把这种电阻接入感应线圈的原绕组中。这时，副绕组往线路中传送的电流强度改变特别明显。由此，送话器的灵敏度和接收的音量都提高了，接收距离也增大了。有一次，爱迪生把传话器放在一碗水的上面，从碗中引出一条湿纸来代替传话器的膜板，他又在膜板后面加上四粒木炭屑，每粒炭屑下面又各自配有一个弹簧，弹簧可以自由弹动。爱迪生发明的这种传话器就是话筒的前身。

在1877年上半年，爱迪生为了找到一种能够发出更大声音的材料，试验了50多种不同的传话器和许多不同的受话器。

一天晚上，爱迪生正在做试验，突然油灯不亮了。他发现一种被称为炭末的东西把灯的玻璃罩子熏黑了，便刮下炭末，试着涂在一个金属的轮状物上。用这种物质制成小盘装在电话里，没想到效果好极了，电话里声音清晰，音量比使用电磁原理制造的电话要大几倍。

爱迪生把用这种原理制成的送话机取名为“碳阻送话机”，显然这种送话机比贝尔的电话更好用。在一次由贝尔与爱迪生同时参加的展示电话的发布会上，贝尔的电话其声音只有站在表演台上的那个人才能听到，还要把耳朵紧紧贴在耳机上才行，而爱迪生的碳阻电话机用起来就要轻松得多。

然而，在电话到底是谁发明的这个问题上，却发生了争论。如果没有爱迪生发明的碳阻送话机，贝尔的电话机将变得毫无意义。爱迪生想要研究出一套全新的系统，但他发现贝尔的发明中有一部分是他无法避开的。双方都不能侵犯对方的专利。直到11年后，法庭才判定贝尔是发明人，而使电话的性能更加完善的则是爱迪生。

虽然法律对爱迪生的碳阻送话机迟迟不予承认，但西方联合公司仍然找到爱迪生想要购买这项专利。爱迪生本想开价2.5万美元，没想到奥顿却以10万美元抢先报价。爱迪生当然同意这个售价，但是要求分期支付。原来爱迪生担心自己会一次性地把这笔钱投入研究中，而让自己再次陷入财政危机。

奥顿买下碳阻送话机的专利后，便开始扩张其商业用途。在西方联合公司的支持下，爱迪生用 30 万美元开办了美国电话公司。由于碳阻送话机性能优越，贝尔电话的用户立刻要求获得与此性能相同的通信设备。

爱迪生的碳阻送话机不管在音质上还是传送距离上，都大大优于贝尔电话。由此，在爱迪生与贝尔之间发生了激烈的竞争。1878 年秋，碳阻送话机被送到英国进行试验。试验结果很成功。试验时，在线路的一端用了爱迪生的送话机，而另一端的收话机却使用了贝尔的电磁系统。这引起了贝尔的不满。贝尔在伦敦的代表雷诺兹上校马上提出警告，要求爱迪生今后停止使用贝尔装置，否则就指控他侵犯他人专利。

爱迪生收到警告后，并没有生气，他想如果不能用贝尔的接收机，那么我自己就去研发一种新的接收系统好了。于是，他与全体研究人员全力以赴地投入到技术攻关中。不到 3 个月的时间，他们成功地研制出了新型的、声音效果更好的接收机。

到 1879 年 8 月 30 日，爱迪生与贝尔之间的竞争发展到了白热化的程度。这天，爱迪生和贝尔都来到了萨拉托加的市政厅，现场演示各自的电话设备。

这两家公司各有所长，贝尔公司的听筒性能优良，送话器却不行；爱迪生公司的送话机虽然更佳，但听筒存在缺陷。在设备上无法比出高下，双方只能在维修工作上较量。爱迪生严格考核派往英国的技术人员。他安装了一座交换台，配备了10台新电话机。在考核之前，爱迪生亲自出马，不是截断一部电话的线路，就是把另一部电话机的部件搞乱。考核要求是，谁能连续解决10个问题，每个问题平均花费不超过5分钟，谁就去伦敦。

1879年秋，贝尔公司抢先一步成功申请了一项改良后的碳阻送话机的专利权。不过这一专利并不能用于长途电话。

1879年英国施行新的电报电话管理办法，要求私人电话公司必须向政府申请许可证才能开展各项业务。面对政府的压力，双方终于妥协，1880年6月8日，爱迪生和贝尔在伦敦的分公司合并为联合电话公司，同时申请了为期30年的营业许可证。联合电话公司的成立，结束了爱迪生与贝尔之间的纷争。爱迪生也获得了3万英镑的股份。

后来爱迪生又制造了电容式电话机。这种电话机利用的不是电路中电流强度的变化，而是利用在声的作用下两薄片间距离的变化所引起的电容的变化。

显而易见，爱迪生在改进电话方面付出的劳动量是巨大的。电流驱动的接收机和碳阻送话机是爱迪生对电话发展做出的最为重要、最具价值的发明。另外，爱迪生是第一个将压缩线圈用于传送声音的人，这是极其关键的一步，如果没有这一步，电话就不会得到普及，不会成为简单、廉价、方便的通信手段。

留声机

留声机的发明可以说是来自一次偶然，却因爱迪生的善于留心观察而变成必然。早在爱迪生研究自动发报机的时候，他发现了一个现象：纸带在迅速移动过程中，铁笔随着机械的颤动留下连接号印记，而铁笔在颤动的时候会发出声音。这种声音是纸带在小轴压力下发出的。在改变小轴的压力时，声音的声调也随之变化。这样的变化引起了爱迪生的注意。当时他就灵光一闪，反过来纸带会因为发出来的声音产生波动，然后这样的波动就能保存下来，最后可以通过机械设计将声音还原。这其实是留声机的工作原理。

若干年后，在进行电话研究时，一次为了调试送话器，爱迪生拿着一根短针检验传话膜片的振动。当他手中的针接触到膜片后，他突然发觉随着传话声音的强弱变化，针会发生有规律的颤动。他立刻找来一根针，立在膜片上，上端则用手轻轻按着，然后对着膜片讲话。实验证明，颤动的快慢会随着声音的高低有规律地变化。爱迪生之前的设想被再次勾起，如果反过来，让短针发出有规律的颤动，是不是能复原出声音呢？这个大胆的想法让他激动得几天都不能平静。

其实追寻恰当的录音方法和放音方法，在当时算不上新鲜事。但在爱迪生之前，没有人取得实质性进展。尽管在这一课题的研究中，有人已经取得了某些成就。1857 年法国印刷工人列翁·斯科特就制造了他所称之为“声波自动记录仪”的仪器，用这种声波自动记录仪可以录音。但是怎样把已经录好的声音再次放出来，他并没有试图去解决。

此后过了 20 年，另一个法国人查理·格罗在这方面有了一点进展，发明了能录放音的机器。

爱迪生原本并没有发明这种“会说话的机器”的打算，但是当他生出复原声音的想法后，便开始潜心研究起这种机器来。

爱迪生一连几天不眠不食，像着了魔一样在实验室里进行探索性实验。为了保持清醒，他一杯接一杯地喝着咖啡。终于，4 天 4 夜的拼搏有了突破。爱迪生在笔记本上激动地记下：“当我用一块带针的膜片，针尖对准高速旋转的蜡纸，声音的振动就表现得非常明显。这次实验证实了我的想法，把人的声音完整地贮存起来，等到需要的时候再随时放出来，是完全能够做到的。”

随后，爱迪生画出了草图，并马上要助手克鲁齐去制作。

爱迪生常说，克鲁奇是为他工作过的最聪明的机械师。他迅速了解了留声机运转的原理，耗费30个小时将模型制作出来。

这是一个体积庞大且笨拙的模型，现在还保存在南肯辛顿博物馆里。它的主要部件是一个金属圆筒，圆筒边上刻有螺旋槽纹。它被安在一根长轴上，长轴一头装着曲柄，摇动曲柄，圆筒就会相应转动。此外，还有两根金属小管，小管的一头装着一块中心有钝头针尖的膜板。

当克鲁奇把模型交给爱迪生时，碰巧一个机械商店的雇员站在他的旁边。当他知道这个机器的用处时，他完全不能相信。

“哪有这种事！这台机器可以记录与重放声音？”

“你不相信吗？我认为是可能的。”爱迪生一本正经地说。

围观的人也纷纷表示怀疑。有人甚至开玩笑说，要是它每说一次“你好”，他就给它一箱苹果。

爱迪生不再反驳，而是不慌不忙地拿出一片薄锡箔裹上，并且把振膜的针头调好位置，让它正对着锡箔，然后一边摇着把手，一边唱着歌：

玛丽有只小羊羔，
它的毛白得像雪一样。
无论玛丽走到哪里，
羊羔肯定跟到哪里。

爱迪生刚唱完，大家都忍不住笑起来，爱迪生也笑了。他把机器调整了一下，摇起把手来，一个微弱的，但确实是爱迪生的声音飘荡在房中。大家简直目瞪口呆。

1878 年的世界博览会上，众多观众被吸引到一个特别的展台前。这个展台上陈列着几个红木箱子，里面放着复杂而精巧的机器，机器里伸出一根根长橡皮管。每一根管子的另一端都分出五六根直径更小的管子。每一根更小的管子又都照样分成两个短且细小的管子，在这些细小的管子末端是一个由鲸须制成的头。虽然允许6个人同时参观这台机器，但展台前仍排起长长的队伍。

参观者把管头放进耳朵里，立刻听到逼真、清晰的声音，就像真人在说话一样。这些声音都是这台机器发出的。有些听众甚至怀疑这是一种骗人的把戏。然而博览会的宣传单上郑重地写着：“从爱迪生留声机听到的说话声和音乐声，是在博览会开幕前不久才录制的，而且这种录音可以长时间（究竟多长，还不能确定）保存下来，直到录音辊子的材料毁掉为止。”

爱迪生极其热爱这项发明，称它为“最心爱的东西”。爱迪生对采访他的记者说：“我发明了许多机器，但这个机器是我的最后一个孩子。我相信它会成长起来，并成为我在晚年的依靠。”

爱迪生曾畅谈过留声机的用处：留声机会在很大程度上用于音乐方面，以后年轻人跳舞就有现成的舞曲；当家里的老爷子累了，老太太眼花了，他们可以安静地坐在桌旁，从留声机中听到第一流的朗诵家朗诵作品；有了它，就能让不同城市的听众同时听到演讲家的声音……这些设想令人兴奋，但在当时留声机能够录下的声音并不多，而且时间也非常短，只能录几分钟。

针对留声机的缺陷，爱迪生一直不断地对其进行改进。1877年12月24日，爱迪生向美国专利局提出了留声机专利申请。随后，他建立了爱迪生留声机公司，并于1878年1月在门罗公园举办了留声机展览会。当年的 2 月 19 日，留声机获得批准，专利号为第 200521 号。

在爱迪生所有的发明中，留声机可能是造成最大轰动效应的一项发明。每个人都想亲自去听听这个机器发出的声音。每天都有许多人从各地赶来一睹留声机的风采，门罗公园的研究室里挤满了人，他们一个个对着留声机吹口哨、唱歌，然后入神地聆听机器重新放出来的声音。

在此期间，发生了一件非常好玩的事情。英国的一名大主教听闻了留声机的事情，千里迢迢地赶来，以飞快的速度念了一连串拗口的圣经人名。当他听到留声机播放的声音后，点了点头，满意地告诉爱迪生，他曾怀疑这里面有诈，现在真相大白，因为全美国绝对找不出一个能以如此速度重复这串人名的人。

纽约各大报纸对这项新发明作了详细报道，以至于后来报界竟送给爱迪生一个“门罗公园魔术师”的称号。

1878 年 4 月 18 日，门罗公园接到华盛顿来电，邀请爱迪生到首都向国会议员展示留声机。爱迪生在查尔斯 · 巴切勒的陪同下，乘车来到华盛顿宣传他的心爱之物。面对《华盛顿邮报》的记者，他自豪地说：“这个既无舌，也无齿，同时还没有咽喉的设备却能留下你的声音。几个世纪以后，在你的身体早已化为乌有的情况下，它还会对你不相识的一代又一代人一遍又一遍地重复你的每一个梦想。”

虽然爱迪生最喜欢这一发明，但对它仍有清醒的认识。1878年5月6日，他在《北美评论》上发表了一篇文章，在讲述留声机的用处时，也将它的缺点展露无遗。

留声机的用处：

1. 不用速记就可以把口授的东西记录下来。

2. 为盲人出版留声机“书”。

3. 研究演讲人的技巧。

4. 播放音乐。

5. 录制家庭成员的演说、回忆录和亲人之间的对话等。

6. 制成音乐匣子和玩具。

7. 制出能发出清晰的言语信号的会讲话的时钟。

8. 正确地播放外国语的语音。

9. 重复教师的讲解。

10. 与电话机相接：在被传呼的用户未接到电话时记下传来的话，用于转发或其他联络任务。

留声机的缺点：

1. 录音时间过短。

2. 价钱过高。

3. 复制困难，缺乏普及性。

4. 录音时音沟容易偏滑，效果不尽理想。

为了消除这些缺点，爱迪生不断地对留声机进行改进。但在这个过程中，爱迪生碰到了一些暂时无法解决的困难，使他很懊恼。好在这些困难并没有削弱他最终要获得成功的信心。

但在1878年博览会之后，电照明吸引住了爱迪生，他不能再花太多精力对留声机作进一步改进。爱迪生在1878年11月6日的《纽约世界报》上，对他的留声机作了声明：

“留声机很重，而且很贵。除非是拥有专门知识，否则任何人都不能从这个机器中得到一点好处。钢针尖在锡箔上所留下的痕迹不能保持很长时间。对于留声机在经过改进后能很好地录音，然后清晰地放出来一事，我不抱很大希望。但我确信，如果这一点我办不到的话，那么后来者肯定办得到。我确信，我已播下了种子，所以我本人才停止了对留声机的研究。现在我正在研究电能照明。”

十年后，即1888年，爱迪生又决定抽出时间来进行留声机的改良工作。这项工作花费了他巨大的精力和宝贵的时间，也耗费了巨额资金。新式留声机采用了浮动唱针，由电机驱动，用蜡作录音材料，成功克服了之前的缺点。这种新式留声机立刻风靡一时，并先后到世界各地巡展。这种新式留声机最初主要用于非娱乐性项目，随后才在音乐录制上展现出独特的魅力，被运用到转筒式唱机、平面唱片上，再到玩具市场……

为了提高这台机器的使用效率，爱迪生前前后后不知道投入了多少精力，甚至在他步入老年后，还在围绕它进行各项相关的发明。

崭新的电光世界

1878 年爱迪生在研制留声机的同时就开始着手白炽灯的发明，随后他停止了对留声机的改进工作，将全部的精力集中在电能照明上。他的这项发明，随着时光的推移而日臻完善，与现代人形影不离，成为不可或缺的东西。

弧光灯的问世

在 18 世纪末以前，人们通常用油灯、蜡烛、煤油灯等来做室内照明。这些灯的光源都比较弱，而且闪烁不定。

不知不觉中，廉价方便的煤气灯取代了煤油灯和蜡烛，成为家庭和工厂的室内照明设备。煤气经由地下管线，从中心气站输送到大楼和人行道，同水管原理一样，所以一旦管道铺设完毕，沿线的煤气灯就能顺利架设。很快，煤气灯开始在大城市里普及。

煤气灯比油灯、蜡烛使用起来更方便，更明亮，但其缺点显而易见，首先，它的光芒不够稳定；其次，煤气灯与蜡烛在形式上并没有本质不同，只是燃烧的材料不同。

1801 年，一个叫戴维的英国化学家完成了用铂丝通电发光的实验。9 年之后，他又发明了电烛，利用两根碳棒之间的电弧来完成照明，这就是弧光灯。弧光灯明亮、干净，光芒覆盖范围广，与日光很相近。

19 世纪 50 年代，有好几种弧光灯已经问世，它们主要用于灯塔、大型公共场合及露天的空间照明。但是，弧光灯有个明显的缺陷：每盏灯都需要独立的电源。要让弧光灯更广泛地应用开来，它必须具有更简单、更完美的设计，更关键的是，它需要一个实用的发电机。

又过了 20 年，发电机得到了一定程度的发展，这也带动了弧光灯的发展——人们找到了在同一个电路中可同时使用许多盏弧光灯的方法，在使用这些灯的技术上也有了改进，但弧光灯仍存在一些让人无法忍受的缺陷：灯光十分刺眼，还会冒出呛人的气味和黑烟，不能用于室内照明。那时人们在室内仍用蜡烛或煤气灯。

1869 年，爱迪生刚抵达纽约时，他曾对大街上刺眼的弧光灯感到好奇。这些弧光灯耗电量惊人，每盏灯都得配一台发电机。这些灯嘶嘶作响，的确点缀了夜晚的城市，驱走了黑暗。

此后，有许多科学家前赴后继，为人类的照明做出了杰出的贡献，却一直没能研制出适用于普通家庭的电灯。

开始研究白炽灯

1878 年 7 月，爱迪生来到位于美国西部的怀俄明州旅行。这是他 31 年来的首次旅行。留声机的轰动效应给这位年轻的发明家带来了一些负面影响，大量的参观占用了他太多时间，更压缩了他的休息时间，导致他的身体状况变得很差。这时正好宾夕法尼亚大学的乔治·巴克教授来信邀请他赴美国西部旅行。爱迪生在家人的支持下，欣然同意。

爱迪生此行最重要的目的是去怀俄明州观看当年的日全食，并趁此机会检测他发明的仪器——压力测热表。爱迪生发明的这个仪器异常灵敏，竟然能测量出华氏温度计一度的百分之一。同行的人无不表示惊讶。

日食观察结束后，爱迪生一行又来到加州约瑟米蒂山谷参观。这座山谷里有许多挖矿工人，爱迪生看到他们正大汗淋漓卖力地干着活，便说道："这附近不是有瀑布吗？如果用瀑布发电来帮助工作，不但可以提高工作效率，而且这些矿工也不用这么辛苦了。"巴克教授也深表赞同。

爱迪生接着说道："相信不久的将来，美国能用瀑布来发电。这些电不仅可以用于工厂，还能供家庭使用。如果能用电来照明，那现在用的煤气灯和蜡烛就可以被取代了。"

谈到电灯，巴克教授便询问爱迪生是否愿意顺道去拜访威廉·华莱士先生，当时他正在做电灯的发明。

华莱士的研究所因为爱迪生的造访变得异常热闹。华莱士正在试验一系列的弧光灯。这次爱迪生亲眼看到华莱士著名的 8 马力蒸汽发动机，这台机器能同时点亮 8 盏弧光灯。爱迪生一见之下，大为倾倒。他欣喜若狂，在机器和弧光灯之间来回跑着。他脑子也不闲着，飞快地做着各种计算，估算着机器和灯的功率，传输中可能的损耗，用这台机器能节省的煤的数量……

当华莱士询问爱迪生对弧光灯的看法时，爱迪生直言不讳道："我知道弧光灯的工作原理，需要频繁更换碳棒，实际使用起来并不方便。我现在正在研究通过给铁丝通上电流，发出光亮。这样的照明设备应该更易于大家使用。"

在离开华莱士的工厂时，爱迪生自信地对他说："我认为我可以在电灯制造方面超过你，我看你现在的研究方向不对。"听完爱迪生的话，华莱士并不介意，还赠送给爱迪生一套弧光灯和发电机设备，并让他按照自己的想法研究。

爱迪生回到门罗公园研究所后，便开始着手研究电灯。爱迪生首先收集各种照明材料，以及其他科学家的研究成果，接着又阅读了相关的专业资料，先后摘录的笔记有 4 万多页。

爱迪生设想的新式电灯系统必须简单，要像煤气灯那样方便架设，能够遍布大街小巷，适合一切室内外照明之用；结构必须轻巧，价钱要便宜，而且要无声、无烟，要发出一种柔和的光，不能刺眼。但是想要实现这些想法并不容易。

在爱迪生进行研究前，人们已经普遍认识到制造电灯的可能性，但理论知识和实际操作是两回事，因为制造电灯，既要找到一种耐高温的灯丝，又要保证玻璃泡内绝对真空。

1873 年，俄国的罗德金曾研制出一种白炽灯，但寿命极短，他是用碳条做灯丝，装入密闭的玻璃泡中。罗德金为了研究白炽灯而破了产，这使许多人对此项研究望而却步。爱迪生经过反复比较，认为白炽灯成本低，耗电省，只要解决寿命问题，就最有可能成功。他在笔记本上写道："弧光灯太刺眼，我们需要的是小型电灯，并且它能够像煤气灯一样，装置在千家万户中。"

1874 年，加拿大的两名电气师发明了一种技术，他们在玻璃泡中充入氮气，以通电的碳杆发光。如果不出意外，这两位将是电灯的发明者，但很可惜，因为经费缺乏，他们也终止了研究。

1878 年 9 月开始，门罗公园的研究人员投入到一场新的战斗中。爱迪生是总指挥，有 7 个经验丰富的人做他的助手。

为了能找到耐高温的灯丝，他们不得不采用最笨拙的试验办法——只要能想到的能找到的材料都用来试验。在这期间，爱迪生表现出极大的耐心与毅力，先后试验了 1600 多种材料，从各种金属到木头、树枝、稻草等植物性材料，还有马鬃、猪毛等动物性材料，都一一试了一遍。尽管这样耗时费力，可爱迪生似乎从未有过一丝厌倦。他始终都是那么兴致勃勃，带着游戏的心情轻松地唠叨着："让我们再试试。"

他们就这样大海捞针般地进行着试验，失败了一次又一次。失败的原因一方面是因为这些材料不耐高温，另一方面是缺乏良好的真空技术。爱迪生在失败中不断地总结教训，再不断地进行探索。

爱迪生的乐观并没能感染更多人，随着时间一天天过去，赞助经费也日益减少，爱迪生仍没有一点头绪，连许多专家也觉得他这样的试验方法行不通。期待成功的新闻记者们也早已失去耐性，竟用嘲弄的口吻在报纸上写道："伟大的发明家爱迪生先生研制电灯的宏愿已成泡影。"甚至有一个专家发誓，要是爱迪生能研制出可以亮上 20 个小时的电灯，那有多少他就买多少。

困难并没有吓倒爱迪生，他勇敢地迎着他开始完全没有想象到的困难走去。爱迪生说："进行惊人的发现是很容易的，但改进这些发现使之有实用价值就困难了。我就是正在致力于这一改进的工作。"后来，爱迪生终于获得了相当高纯度的真空条件，但灯丝仍没能解决。

白炽灯的艰难试验

亨利·福特在其对爱迪生的回忆中转述了下面爱迪生的一段话：

我想着手研究些新东西，巴克教授就建议我研究怎样把电光分成像煤气灯那样的小光源。这已不是新的想法，因为我已在去年进行了一系列照明方面的实验。但由于要研制留声机，我中断和延缓了照明方面的实验。现在我决定恢复这些研究工作。

这是煤气照明的时代。我弄到了煤气科技协会等团体出版的所有新杂志，了解了纽约煤气输送网的煤气分配情况，并直接观察到这种情况，所以我得出的结论是，电光分开使用问题是能够解决的，而且在商业上也是适宜的。

爱迪生在谈到白炽灯的制作过程时曾说："我开始进行电灯研究时，曾建立了3000种不同的理论，每种理论看样子都可以变成现实。可是，实验证实只有其中两种可行。"

为了解决电光的分开使用问题，就必须要有阻抗强和发光面小的灯。另外，电灯要以并联的方式连接起来，这样每盏灯才能独立使用。

在研制白炽灯的过程中，爱迪生清楚地认识到：采用弱阻抗的灯丝就需要电压比较低的电流，因而电网导线材料使用量也就会随之增加。所以在爱迪生的研究工作中，以及随后的其他发明家的实验中，都不再把弱阻抗电灯纳入研究之列。

在亨利·福特的回忆录中，还引用了爱迪生的另一段话：

我对炭的属性很熟悉，而且也懂得，如果能用这种材料做成头发那样细的丝，那么就可以得到一种发光面小但阻抗强的灯丝。但这种易碎的灯丝是否能受得住机械的振动？是否能受得住长时间的华氏2000多度的炽热？其次，如何才能把灯丝装入真空灯泡里，而且要保证空气在灯丝的发光过程中，都不会进入这一真空内？此外，制作出的电灯不仅要能在实验室里亮起来，在其他普通环境中也要能亮起来，这样才能成为可供经营的商品。想要电灯能够普及，其生产成本要低，还要能够大规模地制造，并能完整地运到不同的地方。这些设想和难题变成了纵横交织的复杂的问题。

爱迪生的这些观点，成为他进行深入研究和周密设计的指导思想。

在过去的这段时间里，爱迪生已经用1500多种材料做了试验，但均以失败告终。后来他开始采用稀有金属进行试验，并终于用铂丝制成了一种高阻力的电灯。尽管用铂做灯丝很贵，而且当电流过大时，它仍旧会熔化，但在1878年10月初，爱迪生还是提出了一份关于铂丝真空电灯的专利申请。

当时借用煤气工业术语，灯泡还被称为“燃烧器”。这时的灯泡在结构上，要比两年后大规模生产的灯泡复杂得多。灯泡中的灯丝，是铂丝绕成的双螺旋，再在它们之间加一根金属棒。当灯丝热度接近铂丝的熔点时，金属棒便膨胀造成短路，灯泡温度降低，铂丝冷却的同时金属棒也冷却下来，于是电流再次通过。

几个月后，爱迪生又提出另外一项专利申请，因为他将灯泡里用来控制电路通断的金属棒改进成一张可伸缩的膜。第一项白炽灯专利提出后，爱迪生便嗅到了胜利的气息。他满怀信心地宣布：“我已开始解决电的分流问题。”

爱迪生之所以这么宣称，目的是为了吸引投资者，并击败竞争者。劳里帮助爱迪生筹措研究资金，爱迪生则在他的研究所接见记者，向他们展示新灯泡。记者们用优美的文笔写道：“新的灯问世了，清洁、宜人、漂亮，没有刺眼的强光，工艺简单完美，作为燃点的铂丝，自身并不燃烧，这就是白炽灯。”

爱迪生还对《纽约太阳报》的记者描绘了电灯事业的近景：当下要先解决供电设备，因为整个纽约市的输电线路问题很好解决，可以借用之前的煤气管道。他说：“人们要做的，只是取下煤气灯，换上电灯。”至于如何计量家庭用电，爱迪生觉得并不难，他进一步解释道：“电流是可以计量的，但还需要研究具体办法。我建议，最先以固定盏数付钱，虽然这样存在不公平的因素。我会努力研制出一种仪表，虽然这不是件容易的事。”

白炽灯用于城市照明只是爱迪生计划中的一小部分。在他看来，只要能安装发电机，任何场所都可以使用白炽灯照明。

但是铂的价格太高，所以铂丝灯不适宜于推广使用，从这一点上来看，爱迪生这一阶段的研究并不算成功。他还要继续寻找合适的材料。他坚信一定能找到既能承受较大电流又不会轻易熔化的材料。

这天，麦肯兹站长走进爱迪生的实验室，看看今天的研究是否会有所进展。爱迪生建立研究室后，就请麦肯兹站长来自己这里工作。

爱迪生没日没夜地研究，甚至到了废寝忘食的地步，麦肯兹很担心他。当爱迪生看见麦肯兹的红胡子时，突然有了主意。他让麦肯兹剪下一根胡子，先进行炭化处理，然后装进灯泡里。两人聚精会神地注视着，可惜又失败了。

碳很容易和氧气发生反应，如果接通电流，它们会立刻消失得无影无踪，但如果灯泡是真空的，情况就大不同了。想到这里，爱迪生立刻对助手喊道：“快找棉线来。”

爱迪生先把棉线浸在焦油和锡的混合物中，再放入火炉里进行高温处理。等棉线炭化以后，让它冷却，然后用镊子夹出来。大家目不转睛地看着他操作。

炭化后的棉线十分脆弱，几次都被夹断了。经过无数次的失败后，终于在两天之后的傍晚，一根炭化过的普通棉线被弯成马蹄形，放进抽成真空的玻璃灯泡中。

接着，爱迪生轻轻触动开关，接通电流。房间里顿时被明亮、金黄、柔和的光芒笼罩。刚开始，爱迪生将电流调得小小的，生怕灯丝不能承受。随后再慢慢增加电流，直到调至铂金灯丝会熔化的电流强度，这根灯丝仍顽强地抵抗着热量。大家欢呼起来，这是他们日夜盼望的时刻，他们忘记了 13 个月的艰辛与疲劳，一直守在这盏电灯旁，看着时钟一分一秒地走过。

持续亮了45小时之后，这盏灯的灯丝才被烧断。人类历史上第一盏白炽灯终于问世。

白炽灯的继续改进

如果白炽灯可以亮45个小时，那亮100个小时也是可以实现的。爱迪生开始朝着这个目标前进。同年11月，爱迪生用炭化纸条取代了棉线，大大延长了灯泡的寿命。

白炽灯几乎克服了弧光灯所有的缺点，能方便地照亮房间的每个角落。1879年的最后一天，也就是12月31日这天，门罗研究所正式对公众开放，有3000多人冒着风雪严寒，涌进门罗公园，只为一睹白炽灯的风采。

这一天，从研究所到车站一路都装上了白炽灯，待夜幕降临，第一班火车进站，所有的灯瞬间被点亮。灯光把雪地照得通明，从火车上下来的参观者被惊得目瞪口呆。更让人震惊的是，这些白炽灯都由独立的开关控制。这次作为展示的白炽灯亮了足足170个小时，大家都为这项发明而惊叹。

爱迪生还不满足，将持续照明时间定为600个小时。既然棉线这类植物纤维可以制作灯丝，那还有许多植物可以试验。这天他无意中拿起桌子上放着的棕榈叶扇子，在手里摆弄。忽然，一个闪电般的念头掠过脑海。

他立即要助手把这根竹棍剖得细细的，进行炭化试验。

经过反复试验，发现炭化的竹子灯丝能让灯泡的寿命增加到 200 个小时。至此，爱迪生把灯丝材料锁定为竹子，并安排助手们到世界各地去寻找不同种类的竹子，直到找到最适合做灯丝的竹子为止。

摩亚被派往中国和日本寻找竹子。摩亚一到日本，便直入农村。一年竹、两年竹、三年竹……各种竹子都被当成试验材料送到了爱迪生的研究所里。

此外，爱迪生又派布劳亚到南美境内的亚马孙寻找，派麦克哥安、汉尼顿两位青年到南美各地寻找，派李加顿到印度等地寻找竹子和别的植物原料。他决心找到世界上最合适的竹子，制成电灯的灯丝。爱迪生详细地查阅了有关竹子的资料，目前已知的大约有 1200 种，他准备把这些竹子全部试验一遍。

中国和日本产竹，且种类最多，所以爱迪生就决定从中国和日本两国购买。爱迪生选定好一种最合适的日本竹子后，马上与日本农户订好合同，要求他们按时供应。日本农户善于改良竹种，之后的竹子质量越来越好，爱迪生所研制的碳丝也越来越好，最为优秀的一种碳丝可持续工作 1000 多个小时，真正延长了灯泡的寿命。

后来，人们又对电灯进行了改进，采用了效能更好的钨丝，今天人们还在用它照明。电灯是 19 世纪末最著名的发明，也是爱迪生对人类最辉煌的贡献，他把光明带进了千家万户。

照明系统应运而生

现在门罗研究所有了白炽灯，有了发电机，还买了用于发电的蒸汽机，爱迪生又研发了其他配套部件，如开关、保险丝、分线器、调节器及固定装置等，开始着手实现白炽灯的商业用途。

1880 年 10 月 1 日，爱迪生在门罗公园创办了世界上第一座生产白炽灯的工厂。

白炽灯使用起来完胜煤气灯，人们越来越愿意购买白炽灯。白炽灯的销量增加后，爱迪生为了扩大生产规模，把工厂迁到了新泽西州哈里森城。这个工厂的主要产品是 16 支烛光的灯泡，但也生产少量其他光度的灯泡。

由于白炽灯是全新的东西，没有可以借鉴的经验，生产时完全靠手工操作，一个灯泡所需要的工序竟有 300 多道。虽然工厂里有 150 个勤奋的工人，可是灯泡的产量依旧比较小，日

产量只能达到1200只。

1881年，一只灯泡的成本为1.1美元，但是，爱迪生把每只灯泡的售价定为40美分。精明的商人不明白爱迪生干吗要做亏本买卖。原来爱迪生是这样考虑的：白炽灯是一种新生事物，要让人们更容易接受，就不能把售价定得太高。等有了第一批稳定的客户群后，再打开销路就容易很多。到时候产品的成本就会迅速降低，这时即使仍以40美分出售产品也会有利润，而这些利润会抵偿初期的亏损。

事实上，爱迪生这样做是相当明智的。在 1881 年，他以 40 美分的价格卖出一只灯泡会亏损 70 美分；到 1882 年，灯泡的成本就降低到了 70 美分。不过由于工厂的生产规模也扩大了，也就是说，这年爱迪生亏得比头一年还要多。到了 1883 年，生产灯泡的许多工序都被机械化了，工艺也得到了改进，一只灯泡的成本降低到 50 美分。1884 年，灯泡的成本继续下降，降至 37 美分一只，但是它的售价仍旧是 40 美分一只。仅这一年，爱迪生公司的收入就弥补了前三年的亏损。到了 1885 年，灯泡的成本为 22 美分一只，加上灯泡的年产量超过了 100 万只，在售价不变的情况下，爱迪生公司获得了可观的利润。

但是，光有白炽灯还是不行，当时白炽灯所用的是一种简单的磁石式发电机，并不能满足所有家庭的使用。爱迪生也明白，阻碍电灯普及的就是与白炽灯相配套的发电系统。于是他加紧了自己的研究，把目光转到大马力的发电机上。

这时在欧洲研制出了格拉姆环形电枢直流发电机，以及德国工程师 F. 赫夫纳-阿尔滕内克发明的鼓形电枢发电机，因为这种发电机是由柏林的西门子-哈尔斯克工厂生产的，所以通常被称为西门子发电机。但这样的发电机没有输入美国，美国用的是早在 1874 年由华莱士和法默共同研制出的发电机——华莱士-法默发电机，或是布拉什、韦斯顿及其他美国发明家研制出的发电机。所有的美国发电机只能产生电力恒定的电流，主要用来向串联在电路上的弧光灯供电。而爱迪生则需要一种恒压电流为并联起来的电灯供电。在用恒压电流的情况下，所有接入电网的灯都应发光。因此美国的发电机并不适用于爱迪生的灯泡，他必须研制出另外一种类型的发电机。

1879 年夏天，爱迪生开始改进发电机。

首先，为了获得强大的磁力，他开始研究发电机电圈的缠绕方法。他测试了电流的大小和磁力的强度后发现，即使加入超出某一程度的电流，磁力也只能达到某一限度，并不会再增加，这种现象称为饱和。发现了这种现象后，就可以对电流加以控制而使其不至于流到外面去。

接着爱迪生又详细调查了发电机的每个组成部分，并且做各种研究和实验，终于在 1880 年成功地研制出第一台改进版的发电机。

第二年，爱迪生继续对发电机进行改进，制造出当时最大的发电机“长腰玛丽安娜”——它的电能转换率达到了 82%，其效率是普通发电机的一倍以上。

这种发电机体积巨大，十分笨重：最小的发电机的质量就有将近 300 千克，而最大的发电机的质量为 30 吨。爱迪生改进的所有这些型号的发电机都是双极的。电枢铁芯都是用大量的由薄钢制成的圆片叠压起来的，而在钢片之间以及轴之间，爱迪生都进行了绝缘处理。同时，爱迪生还指出，组成电枢的圆盘厚度应少于 1/8 英寸，这一点至今仍适用于由层层圆钢片叠压成的电枢。

爱迪生的研究卓有成效，这种叠压法消除了对电枢有害的发热现象，提高了发电机的有效功率。

灯泡、发电机已经就位，现在需要在纽约架设电网，这是一道更大的难题，需要的资金不是研发灯泡可以比拟的。虽然他已经成立了爱迪生电灯公司，但是要照亮整个曼哈顿，需要的不是几千美元，而是几百万美元，支持爱迪生的那些投资家变得格外谨慎，毕竟谁也不知道新的照明方式是否能够一炮打响。

爱迪生被逼无奈，决定自己开设工厂，批量生产。爱迪生卖掉了电力股票，又四处借款，他要向曼哈顿进军。

1881 年 2 月，爱迪生租下了第五大道 65 号作为电力公司总部。这是一座四层楼高的、漂亮的褐色沙石建筑，它与 14 街相邻，地处纽约最繁华的地段。

在这个崭新的爱迪生电力照明公司总部里，爱迪生迅速组装了一个蒸汽机和发电机。到 4 月中旬，他已经在高高的天花板上安装了无数盏吊灯和其他灯饰。每天晚上，这座小楼灯火通明，每个路过的人都被它的光彩夺目所吸引。第五大道 65 号壮观无比，光芒四射，成了电的展示舞台。

附近的居民都被这座舞台的魔力所征服，争先恐后地申请安装电灯。爱迪生决定不采用架空电线的办法，他宁愿多花钱把电线埋在地下，这样就可避免市政官员和投资客的反对。

爱迪生为了铺设电路，专门成立了爱迪生电子管公司，这家公司的首要任务是生产和安装超过1500千米的地下配电线路，其中不乏曼哈顿最繁忙、最污秽的地方。

爱迪生在哈里森城的灯泡厂负责生产电灯泡，电子管公司负责在繁忙的曼哈顿街头埋设铜线，预留电路。现在他还需要一个中心点，放置他电力系统的心脏和灵魂——中心发电机组。这个时候爱迪生把他的目光投射到第一区里最穷的几条街道上，最终他把站点选在珍珠街255号至257号。正是从这个肮脏不堪的地方，爱迪生的电向直径800米的范围内传输出去，为华尔街的重要商业区和许多媒体所在地送去光明。

爱迪生之所以把厂址选在珍珠街，是因为在他看来，只要电灯在这里取得成功，那电灯照明在全国普及的事就成功了一半。

输送电力的道路是漫长的，重重困难如迷雾般笼罩着爱迪生和他的团队，所有的机械设备、工具、部件全是自己设计、制造，所以进度缓慢。到1881年冬天，铺设进度远远落后于预期，一方面是因为铁和铜材料的供应商供货不及时，另一方面是因为纽约的冬天太寒冷，地面冻结无法施工。1882年春天，天气回暖，铺设工人加快了进度。8月底，在夏日的热浪中，爱迪生的团队终于完成了铺设任务。

珍珠街电站供电的第二天，爱迪生走访了部分用户，询问电灯系统的效果如何。其中一位顾客叫科尔布，爱迪生问他是否喜欢电灯，他回答说：“这种新灯什么都好，就是不能点雪茄。”爱迪生当时并没有说什么，不过在3天后，他又来到这位用户家里，送给他一个电动打火机。

珍珠街电站运转几天后，爱迪生又采用福克斯河水为动力，在威斯康星州阿普尔顿安装了水力发电机，供给附近两三百只电灯的用电。

那些曾经批评过爱迪生的人此时终于沉默下来。不过，由于当时的电力生产依然处于初始状态，所以事故频发，为了应付紧急情况，有时会采用一些简陋但尚且可行的手段。另外，由于公众对电的认识不足，所以还存在某种对电的恐惧情绪。哥尔克街安装的发电机在初期试验的过程中，甚至发生了连爱迪生本人也不曾料到的事。爱迪生发动两台发动机以后，想要把它们并联起来。突然，头一台发动机停了下来，后一台则达到每分钟上千转的速度；接着，它们又调换过来，头一台猛然启动，后一台又停了下来。当故障发生时，站在机器旁的工人被吓得撒腿就跑，有几个人甚至一口气跑了一两个街区才停下来。爱迪生抓住一台机器的制动器，另外一个唯一保持镇静的人——约翰逊抓住了另一台机器的手闸，就这样，他们同时关闭了机器。之后，爱迪生设计出了特殊的轴和管，终于排除了故障。

到1882年年底，珍珠街电站已经有231家客户，灯数达到3400盏。到1883年8月中旬，珍珠街电站已有431家客户，电灯总数超过了1万盏。

之后，要求建立独立电厂的客户越来越多。正如银行家们所料，这些电厂为爱迪生带来了珍珠街电站所不能企及的巨额利润。这些建造独立电厂的单位有音乐厅、匹兹堡时报社、纺织厂、面粉厂、粮食仓库等。另外许多游船也建立了这种电厂，其中安装在杰伊·古尔德“大西洋号”游艇上的一台发电机就可供应150只电灯用电。这时，爱迪生已经成为“普降光明的人”。

在国外，也是独立电厂更为紧俏。爱迪生的白炽灯不久就被用在了伦敦、柏林、布拉格的剧院，用在了法国和德国的酿酒厂、造纸厂与纺织厂，用在了全欧洲的工厂之中。墨尔本的下院大厦和布里斯班的政府建筑都安装了爱迪生的电灯。

珍珠街电站投入使用后，爱迪生开始设计电表。爱迪生发明的电表是根据电解原理制造而成。他最初的一批电表只能用于计算装有不超过25盏电灯所用的电能。

然而，爱迪生的电表受到人们的极大怀疑，大家想象不出，这种小小的盒子是如何准确计算出电能的消耗量的。后来，由于报纸报道了一件人所共知的事件，才扭转了人们对电表的看法。

美国资本家万杰尔比利特的私宅里安装了爱迪生的照明系统，电费是根据所安装的电灯数量，而不是根据电能的实际消耗交纳的。万杰尔比利特对爱迪生说，按所安装的电灯数量收费是不公平的，因为任何人都无法准确计算出多少时间和多少盏电灯处于通电状态。爱迪生对这一点表示同意，并说要在万杰尔比利特家安装一个电表。

爱迪生让万杰尔比利特把灯的数量和使用的时间准确地记录下来，而爱迪生则在他私宅的电线引入端安装了电表。之后，爱迪生打赌说："记录和测量的结果会是相符的。"试验结果证明爱迪生所言非虚。这次打赌使爱迪生研发的电表赢得了大家的信任。

至此，一套完整可行的电力输送与照明系统应运而生。而在这其中，爱迪生运用了大量当时已有的不同领域的设计理念，例如他对灯泡螺纹后座的设计是取自传统油灯瓶口的设计概念，而输电网络的设计原理与先前的电报系统极为相似。

尽管从表面看来，爱迪生是完成了将以往分散的知识整合成一个系统的工作，但作为电灯在商业化过程中最关键的一步，这一整合工作需要设计者高屋建瓴，根据当时的市场需求，对已经成熟或即将成熟的技术进行选择，同时仔细斟酌在实际应用过程中可能会遇到的每一个问题，并通过解决这些问题，将这些既有知识合为一体。

电灯的发明与普及，不仅仅是技术的革命，也是人类生活方式的革命。

让电车行驶

1880年，在研制电灯的同时，爱迪生还在研究轻型窄轨电力火车。那么，爱迪生为什么会产生研究电力火车的想法呢？原来，这一设想开始于1878年爱迪生去怀俄明州的那次旅行时。当时他们去观测日全食的地点在美国的大西部，一个远离铁路干线的谷类作物种植区。这里的人们为了把粮食运输出去，先用畜力车把粮食运到铁路边，再转装到火车上。这个过程耗时耗力，还会增加粮食成本。爱迪生见到这种情况后，心想：如果能够修建一条通到铁路干线的电气化货运电车道，那运输效率将大大提高。

旅行归来，爱迪生急于研究电灯无暇顾及这个设想，直到北太平洋轮船公司的总裁亨利·维拉德来访。这天维拉德来到门罗公园，向爱迪生说道："爱迪生，有一个难题亟待您来解决。您知道蒸汽机车一旦进入隧道，就会冒出呛人的浓烟。如果有风，浓烟还会倒灌到车厢里，十分熏人。能不能用电力取代蒸汽呢？”这和爱迪生 1878 年的设想不谋而合。

爱迪生告诉维拉德，其实电力火车并不是新鲜事物，早在 1834 年，一位名叫托马斯·达文波特的人就已设计出一种使用电池的模型铁路，不过他使用的是固定电源。此后，有不少人继续他的研究，并将固定电源改为车载电源。1879 年，德国西门子公司在柏林交易会上展出了非车载电池的 5 节火车。这辆火车搭载了 30 名乘客，创下了时速 24 千米的记录。它是第一台用新型发电机来驱动的列车。

但这台新型电车有个致命的缺陷，它只能在晴天行驶，否则其绝缘性能就会减弱。

爱迪生接着说，他在研制电灯的过程中，制作了大功率的发电机，现在可以将这个发电机改为电气马达来使用。

维拉德很看好这项发明，愿意提供研究经费，条件是爱迪生发明的电车首先给北太平洋轮船公司使用。

1880 年 5 月，爱迪生在门罗公园铺设了一条长达 560 米的电气化线路实验地段，由小型钢轨固定铺在间隔约 1 米的枕木上，线路路基是硬土地。线路起点在实验室附近，沿一条乡间道路伸展，然后绕过一座土丘，呈 U 字形转回实验室。

爱迪生将发电机安装在电动机上，功率果然大大增强。但遗憾的是，发电机不适合安装在电车上。于是爱迪生将直型发电机改良为横向的，再安装一个滑车在轴上。将这个滑车挂在车轴上，就能带动电车行驶。

爱迪生试做了一个很小的电车模型，但马力十足，时速可以达到60千米。因为没有采取任何专门措施使钢轨与地绝缘，所以有漏电现象，但并不严重。

5月的一天，准备试车了。“嘿，伙计们停下手中的事情，一起搭电车去。”爱迪生招呼着，于是大家都放下工作，开开心心地搭上这辆并不美观的电车。可是，电车一动不动，原来是机器坏了。很快，爱迪生修好了机器，车子终于顺利启动。

然而，没过一会儿，电车又出轨了，幸运的是没有人受伤。虽然状况百出，但是大家都清楚，任何一项发明都不可能一帆风顺，所以谁也不在意，大家都爬起来，拍掉身上的尘土，嘻嘻哈哈地回到研究所去了。

一个月之后，爱迪生决定再次试车。这次，正好碰上罗利博士来拜访他，于是爱迪生热情地邀请客人搭乘他这辆尚未完成的电车。

得知电车尚未完成，罗利博士不安地问道：“确定安全吗?”

“你放心好了，这辆车已经改良过了。”

罗利博士忐忑地随着爱迪生登上了电车。电车欢乐地出发了，并一直保持着60千米的时速。罗利博士建议司机在转弯处把速度降下来，但爱迪生说他们一直都是这样做的。在最后一次试行时，罗利博士选择了沿铁路步行。这次电车在转弯处出轨了，电车司机被抛了出去，好在只是受了皮外伤。

事故发生时，爱迪生机警地跳下了电车，他笑着说：“哈哈，这真是个了不起的事故，很好玩吧?”爱迪生仍然保留着他那种喜欢恶作剧的个性。

这次事故让爱迪生看到了电车需要改进的地方。交通事故是在实际行驶中回避不了的问题，当电车发生事故时，可以用反向的电流阻力使电车减速。于是，爱迪生特别发明了电气制动器。

随后，美国各报先后刊登了爱迪生试验电车的报道。《纽约先驱报》在 6 月 25 日报道说，这种电车的成功，将“为一般纽约人带来福音，因为蒸汽机车的噪声已使他们头痛，飞扬的灰尘迷了他们的眼睛，污秽的油迹又毁坏了他们的服装”。

可惜，当时多数铁路资本家没有远见，并不看好电车，觉得它不具有实用性。公众中即使有人知道电车，也很难推测出它的实用价值。所以这次脱轨事件，让爱迪生遭到了不少指责和非难。可是，所有外在的影响都没能干扰到爱迪生对电车的研究。经过几次失败，爱迪生的电车终于一天天接近成功。

此时最高兴的莫过于维拉德先生，他对爱迪生说：“爱迪生先生，你好好干下去吧！西部山岳地区铁路电气化的实现就靠你了。”

维拉德把门罗公园的试验铁轨延长到 5.5 千米，并装上了开闭器和其他与实际铁路相同的设备，以此来支持爱迪生继续研究。

小型电车的运行基本成功后，爱迪生开始了他的第二个阶段的研发——两台大型电车。其中一台专供客车使用，比较轻快，能拖上 3 节车厢，装载 90 名客人，时速可以达到 90 千米；另一台是供货车使用的。

维拉德决定先在西部的农业地区架设 80 千米的铁轨，正式开办电车事业。但遗憾的是，计划还没实施，维拉德竟然破产了。这一计划只能搁置。

在电车的推广使用上，爱迪生他们也遇到了困难。因为当时的美国，铁道马车仍然很受欢迎，特别是在一些大城市，人们外出时习惯乘坐马车，觉得马车既舒适又时髦。铁道马车已经成功地走过了 50 个年头，要让人们改变观念接受电车并不是一件容易的事。

尽管有阻碍，经营电力火车的纽约中央公司还是在几年后成立了。随着电力照明系统的拓展，工业上电动机逐渐取代了蒸汽机。20 世纪初，电已成为重要能源。电力节省了大批人力和物力，改善了工作环境，减轻了劳动强度，提高了生产效率，引发了社会生产的重大变革。

《电力世界》指出：“我们有充分的理由相信，在不久的将来，马与蒸汽机车就会被它（电力火车）取代。它拖着车辆跋山涉水，既无马蹄的响声，也没有蒸汽机的噪声。”

总的来说，在研究电力火车方面，爱迪生的贡献也是巨大的，但他在爱迪生的众多发明中并不那么耀眼，这里面的原因有很多。爱迪生说：“我之所以失败，是因为我不能继续干下去，我没有时间，这里需要我做的事太多。”

第四章

说不完的发明

- 再次组建家庭
- 直流电交流电之战
- 新式蓄电池
- 涉及电子管
- 成功研制电影设备
- 其他发明

再次组建家庭

从1881年开始，纽约成了爱迪生的主要工作地点，他的家人也随他一起住到了纽约，门罗公园则成为他们一家的避暑地。

1884年夏天，爱迪生的妻子玛丽带着妹妹爱丽丝和三个孩子，来到门罗公园避暑。在这里，玛丽不幸患上了伤寒。

刚开始的时候，她并没有在意，以为是普通感冒，只是简单治疗了一下。然而事实上，伤寒在当时还是一个很难治愈的疾病。虽然爱丽丝和医生们每天都精心地照顾着她，但是她的病情还是急速恶化。

爱迪生立即放下工作，火速赶去照顾妻子。爱迪生为了私事丢下研究所的事情很少发生，一连好几天都不去研究所，更是从来没有过，可见玛丽的病情已经严重到什么地步。

爱迪生的贴心陪伴也没能减轻玛丽的病情，1884年8月9日，玛丽在爱迪生怀里永远地闭上了双眼。

玛丽的离世，让爱迪生感到前所未有的孤单寂寞。他把三个孩子带到纽约，交由玛丽的母亲照顾。门罗公园变成了他的伤心地，他想永远地远离它。他把这里有用的物件统统搬离，再也不想多看它一眼。

在此后很长一段时间里，爱迪生一直过着寂寞而单调的生活。

在他心目中，玛丽是一个贤妻良母，持家有道，她十几年如一日地默默地支持着自己。她从不向爱迪生提什么要求，能够让他没有后顾之忧、全身心地投入到发明创造中。爱迪生没有多少时间照顾家庭，但玛丽从不抱怨。可以说，没有玛丽，就没有爱迪生如今的成就。

为了排遣心中的痛苦与寂寞，爱迪生常带女儿到戏院去，回家后总是要她把歌曲学唱给他听。那时女儿 12 岁，她常替母亲为父亲买雪茄，她像敬爱母亲一样敬爱着父亲。

爱迪生因为懊悔和伤痛，更加努力地投入到研究工作中。看到爱迪生这样，周围的朋友都很着急，希望他能重新组建家庭并振作起来。

爱迪生有一个好友名叫吉利兰德，他是爱迪生从前在波士顿担任电讯技师时相识的，他们的友谊从青年时代一直保持到晚年。

玛丽去世后，爱迪生经常应邀去吉利兰德家。1885 年 5 月，爱迪生再次前往吉利兰德家，在此遇到了一位年轻女士。吉利兰德的妻子为爱迪生介绍了这位年轻漂亮的女士——米娜·米勒，她毕业于波士顿大学，刚旅行归来。

米娜是发明家路易斯·米勒的女儿，他们第一次见面时，米娜只有18岁，而爱迪生已经38岁。尽管存在年龄上的差距，但由于爱迪生天生的稚气和单纯的性格，两人在心理年龄上的差距并不明显。

米娜生得窈窕，有一双美丽的眼睛和一头好看的头发，还曾去欧洲旅行，尽管年轻，但已有能力处理好家务，从容面对应酬商业巨贾、社会名流的社交活动。爱迪生对她一见倾心。

之后，爱迪生便对米娜展开了追求，第二年的2月24日，他们在米娜的家里举行了婚礼。

婚后，爱迪生在新泽西州西奥兰治郊区买下一栋漂亮的房子，那里离纽约市有60千米的距离。这栋房子是一座美丽的砖木结构建筑，里面带有家具、图书馆、艺术珍藏品，而且坐落在奥兰奇山的山脚，自然风光也十分迷人。

举家迁居这里后，爱迪生又有了一个温馨的家。从此，39岁的大发明家和19岁的新娘，就在这座新房子里生活。搬到这里没多久，爱迪生就在附近建造了一个比门罗公园更完善的研究所。

爱迪生和玛丽结婚时，他还是一个默默无闻的青年发明家。玛丽与爱迪生出身相同，而且还在一个公司工作过，所以婚后的生活很融洽。爱迪生的第二任妻子米娜嫁给他的时候，爱迪生已经名满天下，但他仍不修边幅，没有宗教信仰。米娜有根深蒂固的宗教信仰，所以一直希望能改变爱迪生。

有一次，瑞典的皇太子和太子妃来访问他们，米娜要爱迪生换上一套新衣服，他却说："用不着，反正我的衣服不用多久就会弄脏的。"

按照预定的日程，两位贵宾参观完研究所和工厂后，要到他们的寓所来共进午餐，所以米娜特地准备了一部豪华轿车，停在研究所的门口。

但当爱迪生看到这部华丽的轿车里坐着一个服装考究的司机时，他立刻显得很不高兴。他挥手把平常乘坐的那部老福特车叫过来，微笑着请两位贵宾上车。两位贵宾很高兴地坐上了那部老爷车。

成名的爱迪生，依旧保持着往日的作风，这种不讲究的做派，让从小就在上流社会长大的米娜很难接受。他们在这些生活细节上、习惯上一直在相互抗争着。

米娜说："不管他多么不修边幅，不讲客套，大发明家总应该有一种和他身份相配的生活方式。"

不管怎样，再婚后，爱迪生的生活终究是发生了一些变化：爱迪生的穿着比以前整齐多了，白衬衫也都烫得笔挺，他那件大衣也给人朴素整洁的印象。

对于吃的东西，米娜也很注意，她知道什么东西最有助于爱迪生的健康。晚年，爱迪生常吃的食物有菠菜、番茄、胡萝卜、沙丁鱼和牛奶，这些都是米娜精心安排的。米娜体贴地说道："这些菜是有利于你的身体健康的。"既然妻子这么体贴周到，爱迪生也不好再反对什么。

后来，爱迪生因体力透支，不能应付高强度工作后，米娜常常亲自到研究所去接他回家。

以前，爱迪生常说在家里不能工作，后来米娜干脆在家里设立了一个和研究所相同的实验室，让爱迪生再没有借口不回家了。

爱迪生会通宵达旦地工作，米娜就会在自己的房里做事，一直到天亮。后来有人曾评论说："假如没有这位贤惠的夫人，爱迪生一定会提早 25 年告别人世。"

米娜的房间里有一架钢琴，爱迪生休息时，经常坐在一旁的安乐椅上，静静地听米娜弹奏贝多芬的曲子。

他们的二楼有一间很大的图书室，书架上摆满了各类书籍，其中有不少是文学类书籍。

曾经有人问爱迪生："除了科学书刊，在文学方面你喜欢看些什么书呢？"

爱迪生回答："我年轻的时候，最喜欢看雨果的作品。不过，近来我认为大仲马的《基督山伯爵》是世界上最好的小说。"

"这是为什么呢？"

爱迪生笑着说道："大约是 15 年前的一个晚上，我遇到一个难题，回到家后，便独自在图书室里踱来踱去，希望能想出解决的方法。就在这时，我妻子也来到图书室，她从书架上拿下一本书，对我说：‘拿去看看吧！这是一本杰作。’她给我的书就是《基督山伯爵》。我坐下来读了起来，很快就被它迷住了，不知不觉看到了天亮。早上，我到研究所去上班，说也奇怪，几天来绞尽脑汁都想不通的问题，一下子就解决了。从此以后，我一直认为《基督山伯爵》是最杰出的一本小说。”

晚年的爱迪生，常常喜欢坐在图书室里的摇椅上看书，经常一看就看到深夜一两点钟。

直流电交流电之战

在直流电交流电之战中，最具代表性的科学家就是爱迪生和特斯拉，爱迪生代表直流电阵营，而特斯拉则代表交流电阵营。在推广电灯的使用时，爱迪生建造了第一批发电厂，这些发电厂全都用直流电输送电力。

首先来了解一下直流电和交流电。直流电是一种电压大小和方向都不随时间变化的稳定电流；交流电则是一种电压大小和方向会随着时间出现周期性变化的电流。

最初的白炽灯是用直流电供电的，因此爱迪生投入大量的人力和物力去研究直流电设备。但在研究过程中，直流电的局限性暴露了出来：随着输送距离的增加，直流电的稳定性会下降，因此当时的发电站和用电设备之间的距离不能过远，这势必会耗费大量的资金去建设发电站。此外，采用直流电输送电力需要将电压控制在 250 伏之内，如果超过这个数值就会烧毁灯丝，甚至危及用户的安全。所以人们在设想，是否能将电压提高，以利于远距离送电，然后在输入用户前，再把电压降下来。在这一点上，爱迪生竟然固执己见，完全不愿意去尝试创新，和之前锐意进取的爱迪生判若两人。

有人推测，爱迪生之所以拒绝考虑使用交流电更多的是因为他和特斯拉的恩怨。特斯拉比爱迪生小几岁，当他为爱迪生工作时，他还默默无闻。特斯拉相信交流电有一天能打败直流电，被广大用户采用。爱迪生却对这一观点不屑一顾。有一次，两人谈论起发电机的改良，爱迪生半开玩笑地许诺，如果特斯拉能完成改良，就付他 5 万美元。特斯拉信以为真，便花了好几个月的时间全力以赴地来完成这一任务，并最终获得成功。但爱迪生拒绝支付 5 万美元。两位科学家从此分道扬镳。

离开爱迪生的研究所后，特斯拉于 1888 年加入威斯汀豪斯公司，巧合的是公司老板威斯汀豪斯看好交流电，因为这种电流能够胜任长距离的输送，正好弥补了直流电的不足。于是特斯拉开始夜以继日地研究交流电，并成功建成了一个交流电电力传送系统。他还设计出变压器，在电力输入用户前可以降低电压。

后来为了打击特斯拉对交流电的推广，爱迪生阵营不惜组织了许多诋毁交流电的活动，其中就有对马戏团的一头大象实施电刑，以向公众证明交流电的不安全性。然而这并没有阻止特斯拉将交流电推广下去，后来交流电成为主要的输电方式。

新式蓄电池

1902年5月28日，爱迪生宣布发明了一种新式蓄电池。这种电池比以前的铅酸蓄电池要轻得多，使用寿命还长得多。

普兰捷蓄电池

19世纪末，电灯、电话、电报等电器给人们的生活带来了诸多便利。但是，如果没有电的话，这些电器将会变得一无是处。

哪些途径可以得到电呢？有两种，一种是由发电机提供的交流电，另一种是由蓄电池提供的直流电。

说到蓄电池，就不得不提到它的产生与发展。1854年，德国军医津斯捷坚观察到了一种不同的极化现象：在电流通过浸入在稀硫酸中的铅电极时，正电极就覆盖上了二氧化铅，而负电极却没有发生任何变化。如果把这种电池进行短时间闭合，使别的电流不再经过这一电池，那么这个电池就产生出比通常那种极化电流强度更大的电流。这种电流在二氧化物未耗完之前，总是不断出现。5 年后，法国工程师加斯通·普兰捷也观察到电流极化这种特殊形式，制造出一种铅蓄电池，这就为蓄电池技术奠定了基础。

19 世纪 80 年代，随着新式电器的不断产生，人们对蓄电池的运用也越来越广泛，促使许多人去专门研究改进蓄电池。这一阶段，各种蓄电池层出不穷。巴·尼·别那尔多斯制造出了适用于需要产生剧烈冲击电流的电焊工作的专门蓄电池组。卡米尔·福尔改进了普兰捷蓄电池，他在负极板上涂了一层铅丹（四氧化三铅），这可以加速负极板的定型、改进铅蓄电池的性能。

此时，人们在直流电方向的研究已经有了长足的发展，例如可以把直流电用于照明。但是，想要远距离输送直流电在当时仍无法实现，因为人们还没有找到方法来提高直流电的电压。远距离输送电能时，输送高压电流是最合适的，在经济上也是最合算的。后来，高压直流发电机被研制出来，它能发出适用于电力输送的电流，同时也可以把几台发电机串联起来获得高压直流电。用这种方法，直流电就可以变为高压直流电，从而实现远距离输送。不过，新的问题又来了，用户端的直流电怎么从高压转为正常电压？

想要解决这个问题就要依靠蓄电技术。高压直流电输送到目的地后，先为当地的大型蓄电池组充电，然后再向用户输送正常电压的电流。

由于蓄电站能够扩大由中心发电站所生产的直流电的供电地区，这就巩固了直流电的地位，因此在 19 世纪 80 年代前几年，社会各方面对蓄电池的需求量猛增。然而，由于交流电的竞争，在 19 世纪 80 年代的最后几年，利用蓄电站来输送直流电的建设规模缩小了。爱迪生对蓄电技术的研究，便是在这个时候开始的。

研究新式蓄电池

蓄电池的优点在于方便携带、使用，缺点是供电时间短、体积过大过重，极板易受腐蚀。当时的铅蓄电池是由铅和硫酸制成的。当铅和硫酸两种化学成分发生反应时，就产生了电流。不过由于硫酸的腐蚀性非常强，它会不断地腐蚀铅，当铅被腐蚀殆尽的时候，电流也就无法再产生了，这也是当时蓄电池使用寿命短的根本原因。

爱迪生的助手、后来成为著名科学家的阿·肯内利通过试验证明，每一千克的铅蓄电池一小时只有 8.8～13.2 瓦的能量。因此，由一马力牵引的电动汽车就需要质量为 56.5～84.6 千克的蓄电池。铅板从一开始使用就受腐蚀，而且会腐蚀得越来越快，不太适用于需要经常搬动的设备。

爱迪生已经意识到解决蓄电池“短命”问题的重要性，如果不延长蓄电池的供电时间，将会影响许多电器的使用。因此，发明一种更为耐用的蓄电池比发明其他电器更有意义。于是，爱迪生把研制新型蓄电池的工作排上了日程。

1900 年，爱迪生开始没日没夜地研究蓄电池。一段时间后，爱迪生得出结论：“现在，市面上的蓄电池还有许多严重的缺点，用铅和硫酸来做蓄电池根本就是错误的。”这意味着爱迪生必须抛弃老式蓄电池的所有理论和经验来研究新式蓄电池。

这天爱迪生正和家人共进晚餐，突然，他举着刀叉的手停住了，面部表情变得呆板。米娜知道他正在研究蓄电池，便关切地问道：“蓄电池寿命短的原因出在哪里？”

“毛病出在内脏。要治好它的根，看来要给它开个刀，换器官。”

那这样一来，岂不是要抛弃以往的经验与理论。米娜觉得困难重重。可是，她又想，自己的丈夫发明无数，在他的世界里没有什么不可能。于是，她用充满希望的口吻说道：“你的世界没有什么不可能的事，对吗？”

爱迪生被逗乐了，说道：“是啊，请拭目以待，我一定可以攻下这个难关。”

经过反复的试验、比较、分析，爱迪生认为老式蓄电池的问题出在硫酸上，那为什么不用碱性溶液代替酸性溶液，再找

一种金属代替铅呢？当然这种金属应该会与选用的碱性溶液发生化学反应，并能产生电流。

为了找到合适的碱性溶液与金属，爱迪生和他的助手们夜以继日地做着实验。一个春天过去了，又一个春天过去了，三年中，他们失败了不下 5 万次，试验了 9000 多种材料。面对不断的失败，爱迪生的斗志被激发出来，他坚信自己一定能找到合适的材料，研制出新型的蓄电池。

试验不成功，外界的一些冷言冷语也向他袭来，可这些都影响不了爱迪生。

一次，一个不怀好意的记者向爱迪生问道："请问尊敬的发明家，您花了 3 年时间，做了 5 万多次试验，有些什么收获？"

爱迪生说道："当然是有收获的，那就是我们已经知道有哪些材料不适合做蓄电池。"

正是凭着这种乐观、坚持、不畏困难的精神，爱迪生找到了合适的替代物质——氢氧化钠（烧碱）溶液和镍、铁，制成了世界上第一台镍铁碱电池。新式蓄电池的供电时间相当长，更利于使用。

爱迪生不仅是个发明家，更是一个实干家。新式蓄电池研究成功后，他便决定把这一发明转入工业生产。为此，爱迪生成立了爱迪生蓄电池公司。

产生同样电能的新式蓄电池的质量只有老式铅蓄电池的 1/3。这是一个很大的进步。新式蓄电池获得了社会的好评。订单如雪片般飞来，工厂立刻忙碌起来。

爱迪生并没有满足，他还制造了许多设备用来更广泛地试验碱性蓄电池。1903 年，他制造了又大又重的蓄电池车，这辆车后来在波士顿试行了 392 千米。在这段距离里，蓄电池车曾在 6 个地方进行充电，充电费用为 7.5 美元。

1904 年，爱迪生组织建造了 30 艘装有新式蓄电池的游艇来参加圣路易斯城举办的世界博览会。这些游艇沿湖游玩，展示了蓄电池在电力牵引方面的良好性能。

可是由于镍铁碱蓄电池是新生事物，难免还有些缺点。用户在使用中发现，容器易漏，蓄电池性能并不稳定，蓄电池的正（镍）极的接触点不牢固等。于是改进蓄电池工艺和材料之事迫在眉睫。暂时停止生产蓄电池肯定会造成很大的损失，这一点爱迪生非常清楚，但他有自己坚守的原则——绝不能把问题产品投放市场。爱迪生在停止生产蓄电池的同时，又按售价收回了所有有毛病的蓄电池。然而实际上，就算爱迪生研制出的蓄电池有不少毛病，但是仍比铅蓄电池经济适用。

改进蓄电池

对蓄电池的改进工作由几个小组分工进行：第一个小组负责研究改进蓄电池容器的焊接；第二个小组负责研究电极用铁的精炼工作；爱迪生所在的第三个小组，负责研究镍和镍的添加剂。到 1905 年夏天，经过一万多次的实验，爱迪生终于解决了这些极其复杂的技术问题。为了试验新蓄电池的耐久性，他用新电池装配了 6 部电动车，并叫司机每天将车开到凸凹不平的路面上跑 100 多千米。为了测验新蓄电池的机械强度，他把蓄电池从四楼高处往下摔。

最大的难关还是镍片的制作。这种镍片非常薄，且是蓄电池成功的关键。用薄镍片制成的蓄电池充一次电可使汽车行驶

涉及电子管

1879 年年末，爱迪生基本结束了制造强阻抗碳丝真空白炽灯的研究工作。

在对白炽灯整个使用期限内进行观察期间，白炽灯的一个缺点引起了爱迪生的特别注意，即灯泡玻璃内壁变黑的现象。在当时，所有的白炽灯都毫无例外地出现了变黑现象。而且白炽灯使用时间愈长，变黑的程度就愈明显。

当时生产的是光度小的白炽灯。灯泡内壁一旦变黑，就会损失约 50%的光通量，这些白炽灯发出来的光线会变得很暗淡。因为灯泡消耗的能量转换成光能的经济效益降低了，所以电照明的价格提高了，并且白炽灯的有效寿命也缩短了。

在当时来说，无论是爱迪生，还是其他白炽灯设计者，都没有办法解决玻璃灯泡变黑的问题。

但爱迪生多次观察到，在抽去灯泡里的气体时，如果电流通过灯丝，真空灯泡里就会发出淡蓝色的光晕。其实这种现象，以前彼得罗夫和法拉第也曾观察到过。这是一种在极稀薄的空气中的放电现象。但当时还不清楚的是，是否可以把灯泡变黑和放电作用联系起来。

其实，在当时某些电学书籍中，提到过一些有关这种现象的想法，这些想法在一定程度上能帮助人们确定灯泡发黑的原因。例如，法国电学研究家杜费，几乎在爱迪生进行观察的两个世纪前就已经发现：与烧红的金属相接触的空气，具有散发电荷的特殊性能。18 世纪的其他科学家也曾指出过类似的事实。所有这些科学理论，使爱迪生作了如下推测：这种现象也许是分子轰击的结果。于是，他就在灯泡的外部包上一层锡箔，然后将它与电流计和灯丝的正极串联。果然，他发现了有一股电流穿过了白炽灯的灯丝与锡箔之间的空白之处。然而，爱迪生觉得这一现象对他改进电灯没有什么用处，但他还是做了详细的记录，并在 1883 年为“电检测器”登记了专利。

这次被爱迪生发现有电流穿过的这个灯泡就是二极电子管的雏形。然而，爱迪生并没有继续这方面的研究，因为他有着大量的刻不容缓的工作要做。

但是可以肯定的是，爱迪生的这个发现是现代电子工业的种子。因为当时人们连电子都还没有发现，因此未能意识到“爱迪生效应”用途的不仅仅是爱迪生本人。爱迪生获得此项专利后，就把样品灯送给了普利斯。普利斯公布了这一现象，但没有作出任何说明，也没有提起关于这种效应的实际用途。直到 20 年后，这种现象才得到了解释。

20 世纪初，人们在研制无线电、试图将一种弱电振荡转换成一股弱直流电时，这才愕然发现早在 20 多年前门罗研究所就注意到的这种现象的意义。

研制无线电管的试验完全成功，这种无线电管比当时用于同种目的的相关电管、磁检波器和晶体检波器的效率更高。这种无线电管，在美国则被称为电子管。

由于电子管体积大、功耗大、发热厉害、寿命短、电源利用效率低、结构脆弱，而且需要高压电源供电，现在它在绝大部分领域已经基本被固体器件晶体管所取代。但是电子管负载能力强，线性性能优于晶体管，在高频大功率领域的工作特性要比晶体管更好，所以电子管在一些地方继续发挥着不可替代的作用。

成功研制电影设备

电力工业在19世纪中叶以后开始兴起，这时人们开始接触到一项新奇的事物——电影。那时，有不少人涉足电影技术的发明与改进，而爱迪生便是最初电影技术的众多发明家中的佼佼者，他把电影搬出了实验室，为电影事业的发展与兴起奠定了坚实的基础。

留声机无疑是爱迪生一生中最喜爱的发明之一。他在西奥兰治的实验室里，还专门为改进留声机留出了一间实验室。可以说，自从第一架留声机发明以后，爱迪生就没有停止过对它的改进工作。

在改进留声机性能的过程中，爱迪生由耳朵想到了眼睛。他说："我为什么不设计一种像留声机一样对眼睛发生作用的机器，然后再把两个记录系统结合在一起，这样就可以把声音和运动的画面同时记录下来并同时再现出来。"于是，他又开始了一项重大的探索——研制电影摄像机。

爱迪生的公司于1889年开始拍摄电影，一直到1915年才结束。自从爱迪生在1888年产生了制造一台电影机器的想法后，他的大部分精力就转向了这里。

据爱迪生自己说，在他知道了戈尔诺尔于1833年发明的活动画片玩具后，他就产生了制造电影机的想法。

爱迪生曾经认真地研究过戈尔诺尔的这个装置：它是由一个圆筒组成，圆筒壁上刻有许多条与轴相平行的缝隙。圆筒内，缝隙的下面有一条纸带，纸带上绘有某一动作的连续图像。如果把圆筒往一个方向疾转，从缝隙里看绘有图像的纸带，看到的仿佛是运动的图像。这一装置是根据人的眼睛的视觉惯性对运动所造成的错觉制造的。

法国的埃·日·默里和美国的麦布里奇，都做了使人产生图形在运动的印象的实验，这是很有意思的。

麦布里奇沿着跑马场的跑道排列了24架照相机，拍出了马正在奔驰的一组连续性照片。照相机快门是用电线连接在跑道铺放的木板上，马儿一踏上木板，就把照相机快门打开了。

当用具有相应的和均匀的移动速度的装置，把这一连串12张和更多的连续性照片投影到屏幕上时，屏幕上就出现了马奔驰的画面。

爱迪生了解到，1886年，麦布里奇拍摄了许多走动的马、狗、鸟等题材的照片。他拍摄时使用的是一架装有同支撑轮一起转动的干底板照相机，一秒钟可拍摄 12 张照片，这是一种明显的进步。

爱迪生对麦布里奇的这些实验很感兴趣，虽然实验结果还不太完善，但爱迪生注意到一点：一定可以利用视觉的惯性现象来获得活动物体的图像。

爱迪生的助手乌·迪克逊是一个摄影爱好者，所以爱迪生就委托他设计出一架拍摄活动目标的照相机。当时各种照相机差别并不大，但仍可以挑选出一款适于这一目的的相机。1888 年年初，他拍摄了许多活动目标的照片，而且每一个画面的尺寸都不超过 1.6 毫米×1.6 毫米，每一组照片都构成所拍摄物体的动作的一个完整过程。

爱迪生的助手又接受了一个新的任务：用快速拍照法来进行连续拍摄，这样就可以获得大量图像并通过利用视觉惯性现象的装置来观看这些图像。

虽然其他方面的工作极其繁重，但爱迪生还是积极地亲自着手研究这一问题。

经过几个月的研究之后，爱迪生于 1888 年 10 月 8 日向专利局提出了这一初步装置的专利申请。他在申请书中对这一装置的作用作了如下叙述：我正在实验一种机器，这种机器可以为眼睛制作像留声机为耳朵做的事情，这种机器能拍摄活动物体并放映出来，而且其形式也是既经济又实用的。我把这种机器叫作活动电影放映机。

爱迪生所运用的制作方法是把有连续性的一系列的图像，快速拍摄到位于圆筒或扁平盘上的呈连续不断的螺线状带上。这一过程与他所发明的用留声机进行录音的方法相似。值得注意的是，圆筒的转动是断续的，当圆筒不动时再进行拍摄。

圆筒表面有一层感光层，圆筒的转动和停止都应与照相机快门的启闭同步，而且应当是自动的。

在用固定不动的照相机的情况下，无论要使圆筒转动，还是要使圆筒作纵向位移，都要使用电动机操作，而不能用手操作。

爱迪生在对这些器械继续进行实验中得出的结论是：采用如留声机那种能连续转动，而又能作连续纵向位移的圆筒是更加正确的。拍摄本身就应当是连续的，并且使用与人的眼睛的视觉惯性因素相一致的速度拍摄。

1891 年 5 月 20 日，爱迪生的第一台“电影视镜”开始向公众展示，展示地点是新泽西州西奥兰治的爱迪生实验室。

这种改装型的机器，在内部装了一台电动机，可使 15 米长的胶卷从供人们观看的放大镜下通过。

同年，爱迪生在美国又申请了活动电影放映机专利。但由于他没有在其他国家提出这一专利申请，以后出现了一些意想不到的后果。

虽然这台装置可容下 15 米长的胶片，可在当时所能生产的胶片没有这么长，因为第一台摄像机一次只能用几厘米长的

胶片。

为了实现自己的目标，爱迪生需要寻找一个令他满意的长条胶片。

经过不断寻找，他在柯达公司的创始人、被尊为“摄影王”的乔治·伊斯门那里找到了他所需要的长条胶片。伊斯门当时已经开始出售赛璐珞做的底片了，用这种底片来代替感光板。这一产品正符合爱迪生的需要。他立刻找到伊斯门，并与他商谈合作事宜。

双方共同研究了底片的构造与大小，而后通过两人的共同努力，制造出更加便于使用的胶片。一直困扰着爱迪生的长胶片问题终于在伊斯门的帮助下解决了。

每幅影像起初只有半英寸（1 英寸=2.54 厘米）大，后来爱迪生觉得太小，就改为 1.5 英寸大小，中间图画部分占据 1 英寸的地方，边上多余的地方留着穿打小孔，套在一种小轮的齿上，可以避免其滑脱。

每当放映时，快门便迅速地打开。这时外边影像的光线便直接照射在感光胶片上，接着胶片又被急速地向前拉过一段。以这样的进度连续地进行着，每秒钟就可以拍摄出 46 幅影像来。

1893 年，爱迪生建成了第一座电影摄影棚，即助手们称之为“黑马利亚”的电影制片厂。电影制片厂的四壁都被涂成了黑色，因为当时人们错误地认为，在拍摄时必须消除其他光源的影响。该电影制片厂从 1893 年到 1894 年，曾以女舞蹈家、技巧运动家、杂技演员和驯化动物等为题材拍摄影片。

1894 年，根据爱迪生的发明，美国成立了一个在商业方面进行研究的活动电影放映公司，并于 1894 年 4 月 14 日在纽约百老汇的大街开幕。接着，各地也都先后建立了活动电影沙龙。

所有这些活动的电影机，都装有硬币自动投放装置。爱迪生想，为使影片的内容多样化，也不应只限于看半分钟影片。

1894 年夏季，黑马利亚电影制片厂拍摄了拳术家利奥纳尔德和库申格的影片，使用了350多米长的胶片。影片一共分成4个部分来放映，每一部分都可以由单独的活动电影放映机来放映。

百老汇大街的活动电影放映机馆门前人山人海，主办人不得不请来警察维持秩序。这个影片的放映极大地促使了活动电影放映机的普及，从而进一步赢得了广大群众的喜爱。

1896年，爱迪生开始筹办一个配有银幕和阿尔马特放映机的影剧院。银幕的尺寸是7米长、4米宽。

爱迪生第一次给报社记者放映电影是在1896年的早春。

从4月23日开始，就开始在先驱广场的音乐厅里公演。当时有个叫托马斯·阿尔瓦马特的美国人，制造了一个大型的早期电影放映机“维太放映机”。从此，爱迪生和阿尔瓦马特的共同研究工作走上了轨道。

爱迪生在纽约布朗克斯区建设了一个大型电影制片厂，在此后的几年时间里，他成为美国最大的电影和电影设备生产者。

1903年，爱迪生制片厂的制片人埃德温·波特拍摄了消防队员接到火警后赶向火场的一些镜头。他想，利用这些镜头，再增加几个消防队员从燃烧的房子里救出被困母子的镜头，就可以编成一个故事了。于是，他设计并拍摄了补充镜头。这部电影被命名为《一个美国消防队员》，虽然制作手法粗糙，叙事方式也很原始，却立刻受到了观众的欢迎。

受到鼓励，波特紧接着又拍摄了一部故事片《火车大劫案》。这是一部美国西部片。波特担任编剧、导演兼摄影师。

他让演员穿上牛仔衣，在新泽西借了一列火车，并搭建了一个车站和舞厅的摄影场。影片讲述的故事很简单：一伙匪徒抢劫了火车，最后被追捕者击毙。

这部电影一部分在摄影场拍摄，一部分则在新泽西的松林中拍摄。所请的演员都是业余的，从来没有骑过马。但是，影片中呈现出的枪战和追逐场面令观众激动不已。由于动作激烈，并成功地运用了平行动作镜头的交叉剪辑技术，使得这部仅 8 分钟的影片大受欢迎，成了全国“五分钟影院”的开幕节目。

《火车大劫案》是美国第一部真正意义上的故事片，对其他导演产生了很大的影响。此后，故事片的制作得到了迅速的发展。

1907 年以后，美国成立了电影专利有限公司。该有限公司承认爱迪生的所有专利权，并加以使用。

1912 年 2 月 7 日，爱迪生在纽约放映了由留声机配音的有声电影。经过改进的留声机有一个用琥珀油制成的圆筒，它出色地给由莎士比亚的悲剧《尤里乌斯·恺撒》改编的电影片段配了音。“会说话的影片”持续时间不超过 8 分钟。所以这种有声电影在持续不少于 60 分钟的放映时间内只能是一个插播性节目。

爱迪生费了很大力气来专门研究电影，因为他从一开始就认识到电影在文化和社会生活中一定会具有巨大意义。

爱迪生后来说：“用不了 20 年，我们就可以用电影，而不是用书本来给儿童讲课。”他不主张完全取消课本和学校的教学形式，但他深信引人入胜的直观电影教学会使学生更好地掌握知识。

爱迪生还适时地生产了一些小型放映机，因为美国有相当一部分人既有时间又有钱，他们希望能在家里看电影。爱迪生为了降低影片的价格，拷贝是用小画面做的。他在 1912 年生产的一些影片是标准的 35 毫米宽。

在研究过程中，爱迪生感到最困难的是收取远处的细微声音，这就要求收音器必须特别灵敏，结果他又造出了采音器，凡距离12米以内的大小音波，都能采集到。

这台灵敏的采音器，连在高速照相器外面，就成为一架有声活动电影制片机。在制片时，摄制人摇动器柄，就可以将演员的影像和声音同时录制下来。

电影放映时，电影机和幕前的留声机通过电线相连，放映人员就可以操纵那幕前的留声机。同时打开声音和动作，二者配合得天衣无缝。

爱迪生对于电影摄像机、放映机的研究、制造和完善，为电影事业的兴起和发展奠定了重要的、不可缺少的基础。

其他发明

前文详细介绍的这些发明，只是号称“发明狂人”的爱迪生的一小部分工作成就，除此之外，他还拥有数量极其庞大的重要发明专利。迄今为止，世界上没有任何一个人能打破他创造发明专利数的世界纪录。下面给大家介绍一下爱迪生的其他发明。

掘金采矿业

工业的基础材料是金属，而铁又是消耗量最大的金属。造船、建楼，还有铁路和机械等都离不开铁，铁的用途可以说是数不尽的。19 世纪 90 年代，美国东海岸炼钢行业的原料供应出现了危机。

当时在美国东部离钢厂较远的矿山里，有低质量的矿石，这些矿石在使用之前必须要经过精选，这个过程使得成本大为增加；而如果使用美国西部储藏量较少而质量较高的铁矿石，就要付出巨额的运输费用。

爱迪生在了解到这一情况后，想要发明一台机器，能从粉碎的矿石里把矿粉与杂质分开。

1880 年，爱迪生向专利机构呈交了一份磁铁检矿机专利申请。

紧接着，他在长岛的南岸开始建立实验工厂。长岛实验厂开工不久就被飓风袭击，几个小时内，矿石四散，工厂也“消失”了。但爱迪生并没有灰心，后来，他又在罗德岛建起了第二座工厂。

爱迪生还在新泽西州奥格登斯堡村的深山老林中，买下一座废弃的铁矿场。根据最保守的计算，这一区域的铁矿储藏量非常大，够美国用 70 年。

爱迪生在这里建立了一个叫“爱迪生”的矿山工人新村，这个新村有供全体人员用的厂房和住房。他还购置了各种设备，专门制造了某些特别大而功率强的机器。

建设这个叫“矿山分离工厂”的企业，爱迪生花了两年的时间。据统计，爱迪生在这两年中花费了 200 万美元。他的蒸汽挖土机一年内掘进了 2000 多米，挖出的矿石不少于 60 万吨。

除此之外，爱迪生为了制成爱迪生式选矿机，还制造了 50 种机器，当时除了蒸汽铲、发动机、发电机，其余的机器都是爱迪生亲自设计制造的。

为了更好地经营采矿事业，他还建了储存矿石的仓库，并把新泽西州的铁路支线延长到矿山下，终点站就叫“爱迪生站”。爱迪生还修建了一座独立的矿粉砖加工厂，以每秒钟一块的速度生产矿粉砖。由于采用新的选矿法，铁矿不仅质量好，而且比原来售价低了许多。开始营业的第一天，就收到了1万吨的订单，此后也不断地有订单发来。爱迪生的铁矿经营在1889年时最好，每天所产矿砂可达1500吨。

铁矿生意兴隆给爱迪生带来了成就感。但是没过多久，在明尼苏达州发现了矿藏丰富而且品质优良的铁矿，铁的价格便出现了暴跌。

爱迪生决定关闭铁矿工厂的时候，已背上了好几十万美元的债务。后来，爱迪生回忆开采铁矿的那段时间说：“在这里工作的5年，是我最愉快的时候。这里工作虽忙，但用不着担心其他的俗事。这里的空气清新，我们的生活虽然很简朴，精神却很愉悦。我们在这里得到了不少经验。有一天，这些经验将会对社会、对大众有益。”

生产水泥

爱迪生的铁矿事业虽然失败了，但他没有一蹶不振，他最后决定利用采矿积累的知识，建设一个水泥工厂，并考虑如何运用既有的经验，重新开创一番事业。

爱迪生的这项选择是对的，以前铁矿事业所用到的碎石作业、筛石粉、晒干矿石等，都可以运用到水泥事业上。这时的美国工业兴盛，水泥的需求量在 5 年内已经增加了两倍。

“木材会腐朽，石材和砖块也会崩坏。可是钢筋水泥的建筑，却永久不坏。看古代罗马的浴场，它不是和建立的时候一样坚固吗?”爱迪生这样说。

水泥最早是由英国石匠阿斯普奇发明的，那是在 1824 年。水泥的颜色非常像波特兰的石灰石，所以人们便将水泥称作“波特兰水泥”。到 20 世纪初，人造水泥大为盛行。爱迪生看到了水泥业的发展前途，决定发展这一项目。

1898 年，爱迪生在西奥兰治以西 70 多千米外的森林里发现了水泥石，他立即在那里设计建造了水泥工厂。他从附近的矿厂运来石灰石，那些用于开采铁矿、碾碎矿石的机器，马上就派上了用场。

在自己的加工厂内，爱迪生设计了一个大型石灰窑。这个新石灰窑的产量比普通的窑多了一倍。然而，爱迪生还不满足，不断试验，不断改进，这个工厂后来完全实现了机械化，水泥产量不断上升，从每天 750 桶增加到 850 桶，最后日产量竟达到 1100 桶，220 吨。

不到几年，美国全国出产的波特兰水泥一半以上是用爱迪生式的大型窑生产的。而且，烧制水泥所需的煤的用量也减少了一半。

在20世纪初，水泥主要用来配制灰浆，供砌石、铺水泥路和生产钢筋混凝土构件。爱迪生认为，水泥应用的前景一定颇为宽广。爱迪生产生了制造“浇注式房屋”的想法，也就是用专门的机器把水泥浆浇注到模具里而制成框架式的房屋。

爱迪生曾说：“我总是力求在我力所能及的范围内做些什么，以便使人们进一步摆脱繁重的劳动，并力求创造出最大的可能性，使人类得到幸福和繁荣。我认为，如果我们建立一家工厂，能生产出比现在质量更好、价格更低廉的水泥的话，我定会为此做出努力。”

在建造水泥房子时，爱迪生采用先造好房屋架构、安装钢筋，然后灌注水泥的方法。这种“爱迪生式建筑法”掀起了一次建筑业的革命。此后各处的大楼、工厂等大型建筑，纷纷采用这种省时省力的方法。

1908年8月，爱迪生提出申请这种建筑方法的专利。

未完成的橡胶研究

美国的汽车工业在20世纪初取得了迅速发展。但在橡胶缺乏的条件下，美国汽车行业的内胎和外胎的生产，成为汽车制造业的薄弱环节。

当时的“汽车大王”——福特在巴西和利维里亚都拥有大

量橡胶植物种植园，而且因为当地工人的工资低廉，所以他们获得了高质量的廉价产品。不过一旦发生战争，要把橡胶运到美国港口将是很困难的。美国最大的橡胶用户“汽车大王”亨利·福特和“橡胶工业大王”哈尔韦·费尔斯通，开始对这个与美国汽车工业发展密切相关的重要问题表示出关切。

而作为爱迪生朋友的福特，也曾劝爱迪生研究在美国的气候条件下培植橡胶植物，这对爱迪生来说完全是新的课题。

爱迪生听了福特的劝告，便在佛罗里达致力于培植许多种热带植物。他建立了一个实验室，组织植物学专家致力于选种和杂交。他本人却埋头进行植物观察，力图找到解决培植橡胶植物的某些实际问题的办法。

1924 年至 1925 年，由于英国制定了限制从东南亚热带国家出口橡胶的政策，美国的橡胶价格又迅速上涨。

福特和费尔斯通再一次建议爱迪生认真调查橡胶植物资源。

1927 年，爱迪生成立了爱迪生植物研究公司。他快速了解了 300 多年来所发表的有关橡胶的西班牙史料、葡萄牙史料、德国史料和其他国家的史料，还派代表到各国去收集橡胶植物标本。经过全面了解，爱迪生知道，橡胶植物中极少能具有一年到一年半就收获一次的特性，而其中许多品种种上 5 年之后才能收获。在这个前提下，爱迪生选择了能在美国的气候环境中生长的橡胶植物，而且每隔一年到一年半就能收获一次。

爱迪生收集了 3000 多种生长在美国中部地带的野生植物和

灌木，其中7%能产生出各种性能和数量不等的优质乳浆。这些植物中的邓黄花引起了爱迪生的注意。这是一种普通的高茎多年生植物，有一个开满金黄色花朵的圆锥花序的花冠，它的含乳浆量平均为5%，而邓黄花的变种为数极多，它们的含乳浆量有的达到12%。

爱迪生的初步实验表明，每公顷邓黄花可以获得125~200千克的乳浆。但这种橡胶的质量比进口的橡胶差，且每千克的价格还要高出4美元，显然无利可图。

然而，疾病使他不得不从1929年起停止工作，橡胶研究也就不得不中断了。

第五章

发明家的晚年

- 面对战争
- 一分钟的黑暗——与伟人告别

面对战争

1914 年，67 岁的爱迪生还在辛勤地工作。他的工作强度虽然不像在内战期间做报务员时那样大，但与同龄人相比，他仍在一人做两人的事。

当年，第一次世界大战爆发，欧洲变成了一个巨大的战场。爱迪生发表了意见，表现出自己的和平主义精神，他说："制造杀人的东西与我的天性是格格不入的，我喜欢能使人欢笑的东西。"爱迪生认为，他的国家参加屠杀人类的战争是不能容许的。

事实上，在第一次世界大战的初期，美国仅仅是一个中立国，但到了 1917 年，德国最高统帅部开始无限制的潜艇战，美国的神经受到了严重的刺激。同年 4 月，美国对德国宣战。

美国海军顾问委员会主席

早在第一次世界大战初期，面对在全世界蔓延的战争，爱迪生提出了建议，他说：“政府还应建立起处于陆军、海军和政府三方联合控制之下的巨大的研究实验所。利用这一研究机构，不断提高大炮的威力，发掘新型炸药的制造工艺，不用耗费很多的钱，就可使陆军和海军的技术不断进步。当我们这样做了，我们就能用它的研究成果，迅速造出最新最有效的大批战争工具。”

爱迪生的建议立即得到了政府和海军方面的高度重视。

1915 年 7 月 7 日，美国海军部长丹尼尔斯致信爱迪生，说明海军方面最大的希望就是发挥美国人的聪明才智，制造出能应付新型战争的武器。为此，他打算建立一个发明与研究部门，将有关人员提出的设想与建议交付该部门考量实施。

丹尼尔斯在信中写道：“我觉得如果有一个举世闻名的发明天才能随时地帮助我们解决许多重要的问题，那么我们相信我们的参战计划必将引起更多人的注意。我们认为您是最适于这一需要的人，因为您最有能力把理想化为现实。我有很多的事情要向您请教，但是遗憾的是现在除了海军部对您的感谢以外，旁的一无所有。在我想到我们的祖国和您对于她的责任感时，我相信您一定会首肯的。我谨在此向您致谢。”

7月13日，爱迪生的总工程师兼个人代表赴华盛顿，声明爱迪生已答应担任那家研究机构的领导人。

爱迪生又分头致电美国航空学会、美国化学会、美国电化学会、美国电工学会、美国采矿工程学会、美国数学会、美国航空工程师会、美国土木工程师会、美国采矿工程师会、美国发明人同业会等11个专门团体的会长，请他们每家推荐两人到海军顾问委员会工作。

1915年10月7日，在华盛顿海军部召集第一次全体会议，会议成立“美国海军顾问委员会”，爱迪生被推举为委员会主席。爱迪生与丹尼尔斯约定只担任顾问，不担任行政管理等职务。

在第一次会议结束不久，他就警告大家说：“未来的士兵再不是那种手持大刀、嗜血成性的野蛮人。他首先是一位机械师。未来的战争，也就是说，如果美国参加这种战争的话，将是机器之间，而不是活人之间的战斗。”

不久，他又说：“科学将把战争变成一种可怕的东西，可怕得令人不敢设想。不用多久，我们几乎一按电钮，就能射死成千甚至上万的人。这种屠杀将恐怖得惨不忍睹，只能用机器来进行。”

人们问爱迪生对这些武器的看法时，他说：“这些东西用于防卫是无可指责的，但不能用来对别人发起进攻。一个人在保护自己时，有权抓、挠、咬、踢，但是，当他处于攻击他人的地位时，就没有这种权利了。”

爱迪生的这些言论，体现了许多第一次了解到战争真实含义的体面人物的思想特点。

合成石炭酸

在第一次世界大战爆发初期，美国就已感觉到掣肘，最突出的方面是化学材料不足。在和平时期，这些材料多数是从拥有大规模化学工业的德国进口，特别是石炭酸和苯。在 1914 年 9 月 1 日，美国的石炭酸和苯的储藏量不够使用一个月。

战争爆发后，美国对石炭酸的需求量猛增，因为石炭酸是生产苦味酸所必需的，而从苦味酸中能制造出烈性炸药，如具有巨大破坏力的三硝基酚。

在美国参战之初，爱迪生把蓄电池工厂的一部分改为石炭酸制造工厂。

那时，大家只知道石炭酸是从煤焦油中提炼的，谁也不知道详细的方法和提炼设备。爱迪生决定尝试合成石炭酸。

爱迪生仔细研究了五六种生产合成石炭酸的方法，最后将其选择范围缩小到两种，又亲自将两种方法拿到实验室实验。

他组织了一个“日夜突击队”，并把他们分成三组，三班轮换，每组工作 8 小时。

爱迪生自己也住在实验室，与手下人一起讨论、修改方案，只要有可能，就逐项进行实验。他不分昼夜地工作，困了就在自己的办公桌上睡一两个小时。这个“日夜突击队”的工作人员仅用一个星期，便将计划全部完成。

在仓促建成的新厂投产的第18天，就生产了300多千克石炭酸，后来日产量提高到1吨。过了一段时间，他又建立了第二个工厂，石炭酸的生产量每昼夜可达到6吨。

大概一个半月之后，第一座炼焦炉投入生产，很快就提炼出生产石炭酸所必需的苯来。此外，从苯中又提炼出生产染料用的苯胺油和其他物质。

积极投入海军防务

爱迪生担任美国海军顾问委员会委员长一职，的确激发了大家的积极性，但他对海军最重要的贡献还是在他自己的实验室做出的。

1917年1月，也就是美国参战前3个月，爱迪生受丹尼尔斯之请，研究如果美国参战，应做何计划，并借助何种新发明等问题。因此，爱迪生停止正在进行的其他实验工作，专心致力于海军防务，历时两年之久。

1917年2月，德国计划对英国实行封锁。德国政府下令恢复无限制的潜水艇战，在战争区域内即便是中立国的船只也会遭到攻击。德国指挥部想进行一次冒险，争取在美国进行总动员之前就把美国打垮。

德国的潜水艇到处活动，将美国运送各种军需物资和兵员到欧洲的船只一一击沉。“如何防范德国潜水艇的攻击”这个问题在海军顾问委员会最先被提出来，爱迪生经过研究后认为，防止潜水艇攻击的最好方法是安装“水中听音机”，也就是现在所称的“声呐”。

没多久，爱迪生发明了能发现3千米内海中潜水艇的“潜水艇探知器”。有了这项设备，美国海运的损失大为减少。

爱迪生在战争期间负责研究无线电话所用的真空管，不过，实际上他也完成了一些更奇妙的发明。比如说，为逃避潜水艇的伪装法、救援遭鱼雷攻击船舶的特殊防水布，以及夜间敌船无法看见来船灯光的装置、防毒面具、提早发现敌机的方向采知器等。由于这些都是军事机密，所以当时都没有公开。

他在几年以后说：“在战争期间，我做了大约40项发明，每一项发明都十分成功，可是他们一项也没采用，都闲置了起来。海军官员讨厌平民插手他们的工作。这些人开办的似乎是封闭公司。”

爱迪生没有时间来抱怨，对他来说，某项发明只是他的生活组成部分，而非最终目的。

在他一生中，发明只是“发明”而已，至于发明以后的事，他往往扔到一边不顾。

自从爱迪生担任海军顾问委员会主席以后，他曾向美国政府申报多达39种发明成果，如窥听潜艇器、冲撞垫、水下探灯、油质烟幕弹、减少战舰颠簸法、反光镜通信法、船舶用电话等。

这些工作实际上都是爱迪生本人完成的，或是在他的实验室里，或是在海军基地，由官方派海军人员协助完成。这些发明全都是防御性的设备，而非攻击性武器。

对他勤奋工作、节制欲望和朴实无华的称颂，在美国各地引起了共鸣。美国人都把他视为民族英雄，他在战后的岁月里变成了美国声名显赫的人物。

大战结束后，爱迪生是唯一获得海军部“特殊勋章”的平民。

1918年11月，爱迪生卸去海军顾问委员会的职务，重返研究所工作。这时，爱迪生71岁，精神矍铄。他自豪地说：“我的祖父、父亲都活到90岁以上，我到90岁还有20年，从事新的发明有的是时间。”

一分钟的黑暗
——与伟人告别

1929年，亨利·福特亲自创建了一座规模巨大的历史博物馆。这个博物馆，让历史不再是埋藏在书本中的乏味的东西，而是变成了可以通过观察实物，给人启迪、发人深思的活教材。

他在迪尔本总部汇集起了足以说明美国崛起史的各种机器设备，并且将爱迪生位于门罗公园的建筑在这里重建，每样东西都和当年的一模一样。

由于1929年10月21日是白炽灯诞生的50周年纪念日，所以，当老朋友福特提出要在迪尔本举办“电灯黄金年狂欢节”活动时，爱迪生高兴地接受了福特的邀请。受邀前往的还有胡佛总统夫妇。

“怎么样？爱迪生先生，这和以前的建筑物一样吧？”福特在这次展出的细节上花了巨大的工夫。

“很不错，但是有一个地方例外。”

“哪个地方?”福特听了心里有点不是味儿。

爱迪生回答:“就是我工作的地方，从来没有这么干净，而且地上到处是掉落的药水。”

短短的一句话，道出了多少艰辛。世界上没有永恒的事物，门罗公园的实验室已经成为一个过去，再精心的布置也不可能再现它的风采。这段过往，已成为一种记忆被保留在爱迪生的脑海中。然而，精神是可以永恒的，门罗研究所留下的勤奋顽强的创造精神将永远被后人景仰，正如它的主人一样。

这天上午，邮电部门特别发行了印有最初的碳丝电灯的纪念邮票，题为“爱迪生的第一盏灯”。

这天晚上，世界各国的政治领袖以及科学界著名人物纷纷来电致贺。比如英国王子和德国总统冯·兴登堡，还有探险队长理查德·伯德，他当时正坐在南极美国基地的冰天雪地里。

亚特兰大全市到处都灯火通明，纽约百老汇剧场用电灯装饰着，光耀夺目。

宴会上，胡佛总统发表演说，并给予爱迪生极高的褒扬，爱迪生在宴会上简短地讲了几句，以向亨利· 福特致意。正如人们所料，因为他的身体不好，讲话不会太长，却没有想到，讲话刚一结束，他就倒在椅子上。胡佛总统的医生为他注射了强心剂，他才慢慢好转。在返程时，爱迪生留在亨利·福特家休养，经过医生详细诊断，发现他患有糖尿病。

那年冬天爱迪生又患上了严重的肺炎，不过幸好后来康复了。

爱迪生是个纯真的人，他对生活充满了热爱，甚至不允许电影中出现不美满的结局，一看见就要提出批评。尽管他对电影的发明有很大的贡献，却仍然不能阻止电影中的悲惨场面。但他可以让自己的生活充满乐观，在他生命的最后时刻，他还高兴地同大夫合作，一同商量治疗方案。

1931 年 8 月 1 日，爱迪生在西奥兰治研究所工作时，突然倒地不起。这个新闻让全世界都震惊了。他的病况很严重，可是稍微好些的时候，仍旧念念不忘地说："我希望能够去研究所。"不过，爱迪生没能再度回到他的研究所。

1931 年 9 月，爱迪生的病情进入危险期。10 月 4 日，医生断定他的病无法治愈。那时，每天都有世界各地的人来探望他。教皇发来两封电报询问他的健康。胡佛总统关照每天把爱迪生的病情用电话告诉他。

1931 年 10 月 18 日凌晨，"发明大王"爱迪生走完了他伟大的人生旅程。

临终时，爱迪生说："我为人类的幸福已经竭尽所能，我没有什么好遗憾的了！"3 天后的傍晚，这位发明大王的遗体被埋葬在西奥伦治他家的一棵大橡树下。

胡佛总统在他的追悼会上说：所有的美国人，都接受了爱迪生的赐予。他凭着天才和努力，终于从一个报童、报务员，高升到人类领袖的地位。即使如此，他仍然很谦虚、和蔼，并具有坚忍不拔的精神。

他的一生告诉我们：凡是有志气的人，他的机会必定是均等的。这一个事实，将不断地鞭策后辈子弟们追求上进。

就在那天晚上，美国人民以一种特别的方式向这位伟人告别：人们关掉了所有的电灯，持续一分钟，以示哀悼。在这一分钟之内，芝加哥、加利福尼亚、波士顿、纽约一片黑暗，整个美国一片黑暗。

在人类历史上，或者在科学或技术上，有过种种发明或发

现的人很多，但是像托马斯·阿尔瓦·爱迪生这样，有这么多项发明，并且以 84 年漫长的一生，一心一意为发明奉献生命的，少之又少。

爱迪生从来都是专心致志埋头做研究和实验。据说爱迪生的生活不为时间所束缚，因此他从来都不戴手表。

在爱迪生的青年时期，他曾经对朋友说：“需要做的事很多，可是人生很短，我想必须爱惜时间。”到了晚年，他还说过：“天才就是百分之九十九的汗水加上百分之一的灵感。”

爱迪生的发明，对全人类的贡献极大，电气文明时代的开启，说是爱迪生持续努力的成果，一点也不为过。

爱迪生的一生正处在美利坚合众国及全欧洲技术力量高速发展的时期。爱迪生在此期间创造了一个属于自己的时代。

他结束了以往理论科学家同实用科学家的区别，使今天的人们一想到科学上的发现，就会联想到这些发现在现在或者将来都会被人类应用。

可以说，从爱迪生开始，才有了近代科学研究。而电气工业、电信网、留声机业、电影业的相继问世，正是这种科学研究方法的杰出产物。

有人评价爱迪生，说：“他不发明历史，却为历史锦上添花。”又有人说：“他没有统率过三军，驰骋战场；也没有占领过哪个国家、征服过哪国人民，但是他发挥的力量，却不是哪个军人所能梦想得到的。”

爱迪生凭借能穿越时空的头脑和顽强的精神为人类生活带来巨大的变化。他的贡献举世无双，是当之无愧的“世界发明大王”。借用他的座右铭来结束本书，那就是：“我探求人类需要什么，然后我就迈步向前，努力去把它发明出来。”